大槻ケンヂのお蔵出し

帰ってきたのほほんレア・トラックス

大槻ケンヂ

角川文庫　11305

まえがき

この本は、さまざまな事情から単行本に収録されなかったエッセイに、ロフトプラスワンでの町田康さん、代々木忠さんとの対談を加えたものです。さらに大槻みずから撮影した写真や、人生相談（苦笑）、そして「絶叫詩集」と題して、ライブ中に僕が即興で語った歌詞を収録しました。テンコ盛りの闇鍋《やみなべ》本ですねぇ。

エッセイに関して言うと、今まで単行本に収録されなかった理由は、①これ、マニアックすぎんなー②エッ？　俺、そんなの書いてたっけ？　忘れてた。の、どちらかです。

かなり以前に書いたものも多く、今にして読むと、「おい、それ違うだろ」と自分に突っ込みたくなるものも実はあったりするのですが、書いた頃はそう思っていたのだから、それでいーと、改めることはせずにおきました。

個人的には「絶叫詩集」の飛ばしぶりに自分で驚きました。いや即興でよくこんだけしゃべれるもんだね、この人は。たいしたもんだよ。

また、町田・代々木両氏の、いい意味でキレまくりのお言葉は、いーっスねー。

企画本要素の強い1冊ですが、読みごたえのある、それでいてサクサクとおいしく読める本になったのではないかと思います。僕自身、ゲラを読むのに没頭しました。それにしても大槻ケンヂの人生相談には自分で笑ってしまいました。

その昔、かの三浦和義（ロス疑惑の方ね）による人生相談というのが実在し、世の人々をア然とさせたものでしたが、大槻に人生相談するようになったら人間もうおしまいだよ。アハハハハハハ。「オーケン愛の相談室」だって、笑わせんなこのヒビ割れ野郎！　あっ、オレか。

この本を作るにあたり、協力して下さったすべての方々に……お名前をあげていくとキリがないので……本当に、どうもありがとうございました。

目次

絶叫詩集

いくじなし

日本青年館　2／7／89

フェティシストの兄はいくじなし
フェティシストの兄はいくじなし
それでもぼくの姉さんと恋におちました
フェティシストの姉はかわいくて
フェティシストの姉はかわいくて
それでも根性なし男と恋におちました

僕の姉さんは美しかったが　若くして死んだ
姉は美しかったが　惜しむらくは若くして死んだ
姉は気違いだった
姉の葬式の夜　姉のフィアンセと名乗る男がやって来た
「ケンジ君、君の姉さんはとても美しい女だったけれども気が違っていた。姉さんが江戸川のほうを歩いているのを見たことがある。川べりで遊ぶ子供たちに向かって姉さんは何かブツブツとささやいていた。子供たちは気持ち悪くなってすぐに去っていった。ボクはそっと近づいて、姉さんの言っていることを聞いた。姉さんは言っていた。
『私の頭の中に小さな小さな虫がいて、その虫は右の耳と、左の耳と、鼻の穴と、口の穴から徐々に入ってきて、私の脳髄を冒していくのよ。虫は小さくて、耳栓をしてもどうしたって入って来てしまうから、私は綺麗だけれど、気違いになってしまうのよ。
　気違いだって綺麗に死にたい時はあるのよ。私は、あとひと月くらいで来る三月の小春日和の日に、この川べりの桜の花の下で死にたいの。桜の花がだんだんと散っていって、私も死んでいく。桜の花の下に人間の死体がたくさん埋まっているけれども、私もその中に混じって死んでしまいたいの』
　ケンジ君、君の姉さんはとても厭世的な人間だった。君の姉さんは美しかったが、哀しい娘だった」
その夜兄さんは　姉さんの額に花を添えながら僕に言った
「ケンジ君、ボクは涙が止まらない」
そう言いながら　僕の兄さんは　ポロポロと　涙を落としたわけだよ!
それからしばらくして　兄さんは僕の家に遊びに来るようになった
遊びに来るというのは言い訳で　実のところは僕に金をせびりに来るのであった
「ケンジ君、どこか遠く遠く旅に出よう。遠く遠く旅に出てしまえば、姉さんのことや兄さんのことなんかは忘れてしまえるだろう。
たとえば南の国へでもいい。南の島へ行ってひと泳ぎしよう。ひと泳ぎしたあとに、何もわからない島の子にゴムヒモでも売って暮らそう。
それは大して実にならない仕事かもしれないけれど、まっとうに生きていくというのはそういうことなんだなあ。
たとえば北の国でもいい。北国へ行って、スキーでもしよう。スキーをしたあとにロッジへ行って、物のわからぬ観光客に温かい甘酒でも売ろう。大したお金にはならないかもしれないが、まっとうに生きるというのはそういうことなんだなァ」
結局、僕と兄さんは二人でアンテナを売って暮らすことになった
アンテナは飛ぶように売れて　僕たちはお金持ちになった
お爺さんやお婆さんたちはアンテナが売れるのを嬉しがって　僕たちにお礼までしてくれた
だけどそんなある日　僕は行き倒れの女の人を見た
彼女は姉さんに似ていたけれど　僕は急いでいたので助けることはしなかった
次の日　その女の人が死んだということを聞いた
その話をすると兄さんは僕に言った
「ケンジ君！　ケンジ君！　ケンジ君！　君は、君はいくじなしだ！
君は根性なしだ！　君はいくじなしだ！　この根性なしが！」

兄さんと僕は鉄棒が好きだった
二人で近所の小学校へ行って鉄棒でグルグルと回った
グルグルグルグルグルグルグルグルグルグルグルグルグルグル
グルグルグルグルグルグルグルグルグル
グルグル回っているといやな事やつらい思い出なんかはすぐに忘れてしまえた
「ケンジ君、なんだか気持ちがいいねぇ。なんだかとっても気持ちがいいねぇ」
僕もたしかに気持ちがよかった　二人でグルグルと頭を振っていると　遠い遠い空の彼方へ吸い込まれていくようだった
「ケンジ君！　ケンジ君！　君がいま生きているということは、すなわち死に向かっているということだ！
ボクも姉さんも、やがては死んでしまう！　きみも死の中へ吸収されていってしまう！
この宇宙はいま収縮へ向かって動いている！
宇宙は結局収縮に向かって動いている！
国が何のためにボクたちに何をしてくれた⁉　君のために姉さんが何をしてくれた⁉
ケンジ君！　ケンジ君！　ケンジ君！　ケンジ君！　ケンジ君！　ケンジ君！　ケンジ君！　ケンジ君！　ケンジ君！　ケンジ君！　ケンジ君！　ケンジ君！　ケンジ君！

姉さんのことは、姉さんのことは、姉さんのことは、姉さんのことは、とてもいい、とてもいい、とてもいい、とてもいい、とてもいい、とてもいい、とてもいい、とてもいい、とてもいい、とてもいい、とてもいい、とてもいい思い出だよね！」

兄さん！
兄さん！
いくじなしの兄さん！
僕は君と姉さんを　脳髄は人間の中の迷宮であるという観点からあえて許そう！
だから兄さん！
たとえ十万人の人がバカにしてもフェティシストであり続けてほしい！
兄さん聞いているのか⁉
兄さん聞いているのか⁉
しかしその後兄はしがないアンテナ売りであった！
この　根性なしが‼

高円寺心中　テイク1

日清パワーステーション　5／17／95

ヘイ・ユー　ちょっといーですか?
ちょっとお尋ねしますよ
あんた　あの二人を憶えているかい?
恋の旅に疲れ果て
あの世で結ばれることを選んで死んでいった
あの若い二人をさあ
ああ　あの二人が初めて出会ったのは
そう　シド&ナンシーのように二人が出会ったのは
この高円寺純情通り商店街さ
ああ……やるせねーなー

ああ　若い恋人は　冷たい世間に敗れた
ああ　愛のパル通り　ああ　高円寺心中

ヘイ・ユー！　ちょっといーですか？
ちょっとお尋ねしますよ
あんた　あの二人を憶えているかい？
二人には夢があった
若いけれど夢があった
男はメジャーなロック・ヒーロー
女はファッション雑誌のスーパー・モデル
ナオミ・キャンベルのようなスーパー・モデル
抱き合いながら夢を見て
しかし夢を見ることしかできなかった　あの二人をさあ
夢を見ることは悪いことじゃないさ
そうさ　人間夢がなきゃやっていけないさ
でもね　夢はね
叶わないことのほうが多いんだよ
近づくことはできるよ
才能と　努力と　維持することさえあれば
夢に近づくことはできるよ

でもね　夢をつかむかどうかは誰にもわからないんだ
そしてつかむことのほうが近づくことよりも何億万倍も難しいんだよ
とりあえず　ただひとつあたしが言えることはねえ
恋と夢だけじゃあメシは食えないんだよ
ああ……やるせないよねえ

ああ　赤と金色に　染めた髪をからませて
ふたり夢を語っていたのさ
あの頃の高円寺心中

ヘイ・ユー！　ぶるるるるるるるる　寒くなってきやがったよ　もう春だってのにさあ
そうですかい　あんた　あの二人をご存じなんですかい
ええっ！　結局二人とも死ぬに死にきれず　今はお互いに　お互い別々の人生を歩んでいるんですって？
なんてこったい　なんてこったい　なんてこったい
なんてこったい　なんてこったい！

この世でもあの世でも　どうしておなじ夢を持つ二人の愛や　恋や　青春が結ばれないんでしょうかねえ?

不条理ですよねえ　どうしてそういう不条理がおこるんですかねえ?

あたしもねえ　思うところがあるんですよ

ちょっといいですか?　聞いてくださいよ　逃げないで聞いてくださいよ

思うんですよ　結局ね　生きるってえことは「不条理」なんですよ

「こうあって欲しいのにこうあって欲しくない」ことが起こる　「こうなって欲しいのにこうあってしまう」……不条理ですよ　フィリップ・K・ディックの小説のように不条理ですよ

でもねえ　なんでそういう不条理なことがおこるのか　あたしも考えたんですよ

あたしは酒は飲みません　でもね　精神安定剤と抗不安剤と睡眠誘導剤を飲んでるからわかるんですよ

眠れない夜にねえ　考えて　考えて　どうするどうするどうするどうする　高野拳磁のようにねえ

道行くみなさん　わたしが野良犬です　わたしたちが野良犬です　野良犬なりに考えてわかったことがあるんですよ

人生っていうのはね　これ受け売りなんですけどもね　人生というのはね　不条理なんですよ

「こうあって欲しいのにこうあって欲しくない」のが　不条理なんですよ
あなただって明日からまたさみしいですよ
今日は楽しくても　明日からまたさみしいですよ
さみしい苦しいつらい日々が続くんですよ
なんでですか？　なんでですか⁉　なんでだと思いますか⁉
なんでかと問うならば‼
なんでかと問うならば‼
……生きるってそういうことだったんですよ
つらいんですよ　苦しいんですよ　さみしいんですよ　憂鬱なんですよ　ときどき死にたくなるんですよ　でも死ぬことができないんですよ　じゃあどうしたらいいんですか？
さみしさ　苦しさ　切なさ　そういうものはもう自分の中にあるって認めちゃうんですよ
あきらめるんじゃないんですよ　あるがままに受け止めちゃうんですよ
さみしくても悲しくても　生まれてきたら人の人生はそれでOKなんですよ　それだけでいいんですよ
わかりますか？　わかりますか？　わからないでしょう！
わかりますか？　わかりますか？　わからないでしょう！
わかりますか？　わかりますか？　わからないでしょう！
わたしもねえ！　こんなこと言ってるけどねえ……

わかんないんですよ
わかんないんですよ……わかんないんですよ！
みなさん！　誰かわかってる人がいたら　この「生きる」という不条理をわかるという人がいたら　あたしに教えてくれませんかねえ？
ああ　やるせないけど　われわれは生きて行かざるを得ないんですよ
やるせねーなー

ゲーセンでネコの背をなでた
夜明かししてモーニング食べた
古本を一緒に探した
デモ・テープ二人で作った
あの頃の恋の物語　高円寺　高円寺
高円寺心中
弾いておくれ　バンドマン　いつか聞いたリンダリンダ
あの頃の恋の物語　高円寺　高円寺心中
ほんとうにドブネズミのように　僕たちは美しかったか？
そんなことはねえ　きっと何千万年たったたって

誰にもわかりゃあしないんですよ

高円寺心中　テイク2

クラブチッタ 川崎　7／8／95

ヘイ・ユー　ちょっといーですか？
ちょっとお尋ねしますよ
あんた　あの二人を憶えているかい？
夢を追いかけて
恋の旅路に疲れ果て
愛をつらぬくためにあの世で結ばれることを選んで
死んだ
あの二人をさあ
ふたりが初めて出会ったのは
そう　高円寺純情通り商店街だ
ああ……やるせねーなー

ああ　若い恋人は　冷たい世間に敗れた

ああ　愛のパル通り　ああ　高円寺心中

ヘイ・ユー　ちょっといーですか?
あんた　あの二人を憶えているかい?
男はメジャーなロック・シンガー
女はファッション雑誌のモデル
抱き合いながら夢を見て
夢見ることしかできなかった二人をさあ
恋と夢だけじゃあメシは食えねえからなあ
ああ……やるせねーなー

ああ　赤と金色に　染めた髪をからませて
ふたり夢を語っていたのさ
あの頃の高円寺心中

ヘイ・ユー!　ちょっといーですか?
ちょっとお尋ねしますよ
あのね　たぶんもうこれは「戦争」だから

どうやって　どうやって　暗ーい　暗ーい　暗ーい
暗ーい　暗ーい　暗ーい闇の中から
明るい世界へ上がっていくか
それはもう　これはもう「戦争」だから
——死ぬから
死ぬから
死ぬことがあるから
死ぬことがあるから
俺はきっとマリーンに志願すればいいんだ
フランスに行って　傭兵部隊に参加すればいいんだ
どうせこれはもう「戦争」だから
あとは生きるか死ぬか　本当に生きるか死ぬかのところで戦うよりほかすべはないんだ

本当の戦争に行って塹壕を掘るんだ　穴の中で三日間眠るんだ
空からはいろーんなミサイルが飛んでくるんだ
海からは艦砲射撃だ　射撃は俺を飛び越えて裏の山に落ちていくんだ　落ちた山の先では
何人もの罪のない人々が体をバラバラにされて死んでいくんだ
本当は艦砲射撃で連中は俺を狙ったんだ　それなのにどういうわけか弾の馬鹿野郎は俺を

飛び越えて
何の罪もない幸せな人々を粉みじんに引き裂いて殺しちまうんだ！
何でだかわかるかい？　わかるかい？　わかるかい？
……戦争だからだよ
戦争だからだよ！　生きるか死ぬかだからだよ！
おい！　おい、おまえ！　生きるか死ぬかのところでやってないだろう、え⁉
おまえはやっていないだろう⁉　おまえもやってないだろう⁉
誰だって生きるか死ぬかのところでやりたかないんだよ！
やりたくないのに　敵はナパーム弾を雨あられと降らすんだよ！

おい！　おまえら！　眠れない夜の苦しみを知ってるかい？　知ってるかい？
知ってるかい？　知ってるかい？
眠ろうとするんだ　明日の仕事があるから　明日も生きていかなきゃいけないから
明日も暮らしていかなきゃいけないから　眠ろうとするんだ
でもねえ　敵は強くてねえ　眠らせない攻撃に出てくるんだよ
べつに眠らなくたっていいんだけどさあ　けっこうねえ　キツイんだよ
いろーんな苦しい思い出がねえ　わいてくるんだ
いろーんな思いがわいてきてねえ　本当の俺でいられなくなるんだ

どうすると思う？　そういう時どうすればいいと思う？
そういう時はねえ　どうでもいいことをするんだ
部屋を片付けたり　本を並べ替えたり　いろんな人に電話をかけたり
でも　朝の四時とか五時だから　起きてるのは牛乳屋さんとかそんな人しかいないんだ
そういう時はねえ　そういう時はねえ！　そういう時はさあ！　時報を聞くんだ！

……ただいまから
　午前五時三分をお知らせします……
　ピ、ピ、ピ、ポーン
……ただいまから
　午前五時二十五分をお知らせします……
　ピ、ピ、ピ、ポーン

そうするとねえ　だんだん鳥が鳴くんだ　鳥が鳴いてねえ　朝が来るんだ
もう起きなきゃというころに眠くなるんだ
そういう時はどうすればいいかわかるかい？　どうすればいいかわかるかい!?　わかるかい!?
わかるやつはわかるだろう？　言わなくてもいいよ

わかるやつはわかるだろう？
そういう時はねえ　あきらめるんだよ
あきらめちゃえばいいんだよ！　あきらめて　あきらめて　起きればいいんだよ！
これはさあ　もうさあ　「戦争」だからさあ　戦争だからさあ　戦争だからさあ！
大丈夫だよ　たいがいの苦しいことは請け負ってくれる人がいるんだ
請け負ってくれる人がいるんだ　みんなの苦しみを請け負ってくれる人がいるんだよ
請け負ってくれる人は　あきらめて苦しんでいればいいんだよ！
眠れなかったら眠らないで　明け方に時報を聞いてればいいんだよ！
そうすれば日がグルグルと回り　自分から死のうとしなくたって　いつかは　いつかは誰
かが殺してくれるんだよ！
だから大丈夫
I STAND HERE FOR YOU
本当に船が来ない港もあるけれど　一生ツイているやつとツイてないやつと
人から見たらどんなに幸せでも　その幸せを幸せと認識できない　そういう人の不幸を請
け負う人間もいるけれど
そういうやつらがいるから君たちは　君たちは何があってもだいじょうぶなんだよ！
どんなことがあってもやっていけるんだ！
だからもしやりたいことがあれば　やればいいじゃないか

やりたいことがあったら　やればいいじゃないか！　やれよ！　やれよ！　やったらいいじゃないか！

艦砲射撃は　ナパーム弾は　ツイていないやつのところに落ちてくるんだよ！　ツイていないやつはその運命を請け負ったらそれをあるがままに認めて　ツイていない自分のまま　死ぬまでは生きていけばいいんだよ！

おまえらはツイている側の人間なんだから　いつもニコニコと笑えよ！　やりたいことがあったらやれよ！

やりたいことをもし見つけられないなら「やりたいこと」をやりたいことにすればいいだろ！

目的を見つけられなかったら「目的を見つけること」を目的にすればいいだろ！

おまえらそんなところに座っててていいのかよ！

ロックなんか聞いてウダウダやっててていいのかよ！

聞いてる前になんかやってみたらどうだよ！　やれるんならやればいいだろう！

——高円寺に住んでいた二人の男たちは　一人のスーパー・モデルを目指す少女をめぐって三つどもえの恋をしました
やがて　やがて　二人の男の一人　演劇少年は　ツイていないやつだったのでしょうか船の来ない港に着いて　そのまま睡眠薬飲んで首くって死んじまいました

ツイていると思われた男の子はシド・ビシャスにあこがれて　いまどきシド・ビシャスに
あこがれて　ロックを始めて　そのスーパー・モデルを目指す女の子とくっついて
僕は　二人がこのまま幸せに　ツイてるやつの側にまわっていくのかなと　本当に楽しみ
にしていました
二人で幸せになっていくのかなあと　それは夢見ていました
だけどね！　あんた！　うまくいかないやつもいるんだよ！
二人はうまくいかない側にまわったんだ！
二人は死のうと思ったが死にきれず　今は別々の人生を送っているよ！
二人ともになあ「戦争」の中にいるよ！　毎日塹壕を掘って！　上官にぶん殴られて！
憎くもない人の首を絞めて！　殺して！　殺して！　殺して！
殺して！　殺して！　殺しているんだ！
だけどねえ　二人はねえ　いつかねえ　もう一回高円寺に戻ってこれるんだ
その時はねえ　その時は　死んでしまったはずの
死んでしまったはずの恋がたきの彼も戻ってくるんだ
戻って三人で　三人で　自分を幸せと言わないぐらい幸せになって　死ぬまでは生きてい
けるんだ
僕はそう信じている　信じている人間の習慣は誰も変えることはできないんだ
僕の中においては「すべての人間はツイている」んだ

たぶん本当は俺も　俺も　たぶん本当は　俺も「ツイている側の人間」なんだ
だから　だから　だからみんな　また会おう！
いつかどこかでみんなまた会おう
会っていつものように楽しくコンサートをやろう
やろう　やろう　やろう
ダメジャーンプとかイッキ飲みとか楽しいことをやって　みんなでツイてる側にまわろう
ツイてる側にまわろう　ツイている側にまわろう
絶対にまわれるはずだから　絶対にまわってやるから
それまで　悲しいことがあったら「どうでもいいや」という気持ちで　こうつぶやけば
いいんだよ
ああ……やるせねーなー

ゲーセンでネコの背をなでた
夜明かししてモーニング食べた
古本を一緒に探した
デモ・テープ二人で作った
あの頃の恋の物語　高円寺　高円寺心中
弾いておくれ　あの歌を

いつか聞いたリンダリンダ
あの頃の恋の物語　高円寺　高円寺心中
本当にドブネズミのように　僕たちは美しかったか？

ドブネズミのように美しくなりたい！
写真には写らない優しさがあるから！

とん平のヘイ・ユウ・ブルース

大阪W'OHOL　9／20／95

「HEY YOU
WHAT'S YOUR NAME?
HEY YOU
HEY YOU
WHAT'S YOUR NAME?

祇園しょうじゃのかねのこえ
しょぎょうむじょうのひびきありだ
すてたおんなのホクロのかずを　おぼえているか?
おふくろのオッパイのあじを　おぼえているか?
世の中すりばちなんだよ
人生はすりこぎだ　OH MY BABY

人生はすりこぎなんだよ
OH MY BABY
俺のブルースを聞いてくれるかい！

HEY YOU！
HEY YOU
WHAT'S YOUR NAME？
HEY YOU！
HEY YOU
WHAT'S YOUR NAME？」

二人の少年と一人の少女がいた
少年Aは作家を目指していた
少年Bは映画監督を目指していた
少女は画家を目指していた
少年と少女は　少年たちと少女は　夢を見ていた
少年AとBは　いつもケンカをしながらも　お互いがお互いを認め合っていた
作家になろうとしている少年Aと　映画監督になろうとしている少年Bは　一緒に自主制

作の映画を作ろうという話になった
「A、シナリオを書いてくれ」

「よし、B、おまえがカメラを回せ」

「どんな話にする?」

「スクリーンに風の音を流そう。ひゅるひゅるという風の音を流そう。ひゅるひゅるとささやかな五月の風が吹いて、すべての人を幸せにするような映画を作ろう」

AとBは映画を作ることにした
「おい、誰に出てもらう? 登場人物は一人でいいだろう」

「登場人物はたった一人でいい。五月の風にひゅるひゅると髪をなびかせるような美しい少女がただ一人いればそれでいいよ」

「誰にする?」

「誰にする?」

「クラスにさあ、すげえ可愛いコがいるじゃん。なんかいつも絵を描いてる女の子がいるじゃん」

「ああ、あいつか」

「そうだ、あいつだ。あいつにさあ、声をかけてみようよ。一緒に映画を作ろうって声をかけてみようよ」

少年AとBは夕暮れの美術準備室に行って声をかけた

少女に　ドキドキドキドキドキドキドキドキドキドキドキドキしながら声をかけた
「あのさあ」

「あのさあ」

「あのね」

「俺たちさ、映画作ろうとしてるんだ。映画を作るんだよ。悪いんだけどさ、出てくれないかな?」

少女はちょっと困った顔をしたあと　すぐにニッコリと笑って
「いいわよ」

と言った

少年AとBは次の日からロケハンを始めた
かける音楽を流し　日本中をかけめぐって
ひゅるひゅるという五月の音を探して歩いた
遠く青森の岬のほうでひゅるひゅるという音を録音することができた
「おい、A。いい音を拾ったぜ」
「おい、B。最高じゃないか。この音を流してあの子がそばに立っていれば、それだけでいい映画になるよ」
AとBはその女の子を　その女の子を立たせて8ミリビデオを回した

それはとってもいい映画で　ただ女の子が一人立って五月の風がひゅるひゅると流れているだけなのに　観に来たみんなを感動させた

だけれどもこれがよくある話で　AとBはその女の子のことを両方とも好きになっていたけれど女の子は　映画を撮ろうという少年に恋してしまった
映画を撮ろうとしている少年Bと女の子は仲良くくっついた
もちろん若い二人だからセックスもした　いろんなことをした
海へ行って　山へ行って　朝な夕なにセックスをした
セックスをして　とっても気持ちがよかった
少年Aはふとした偶然でそれを知ることとなった
作家になるつもりだった少年Aはそのことをふとしたことで知ることになり　嫉妬のあまりヤキモチのあまり　頭がグルグル始まってしまった
少年Aは　少年Bと女の子を憎んだ
「なぜ俺を愛さない？　なぜ俺を愛さない？　なぜ俺を愛さない？　おい、なぜ俺を愛さない⁉　なぜ俺じゃなくて、なんであいつなんだ！　なんで俺じゃなくてなんであいつなんだ！」
少年Aはイカレちまった
朝な夕なに頭をグルグル回転させながら鉄棒でグルグルと回った　グルグルグルグルグルグル

グルグルグルグルグルグルグルグルグル　いつまでも回った
ところが人生とは不思議なもので　少年Bはある日ふとしたことがきっかけで　目が見えなくなってしまった
物語のようだけれど　もう二度と何も見えない男になってしまった
もちろん　もちろん　もちろん　もう二度と映画なんか撮ることはできない！　映画を観ることすらできなくなってしまった！
そんな盲目の少年Bのために　女の子は絵を描いた
心をこめて　目の見えない少年Bに絵を描いてあげた　だけれど
「見えない！　見えない！　絵が見えないんだ！　絵が見えないんだ！」
せっかく描いてもらったのに　少年Bは絵が見れないんだ
その頃少年Aは　少年Bを殺すことを考えていた
本気で　本気で　本気で　少年Bを殺すことを考えていた
ふところに刃渡り十五センチのナイフを持って　少年Bを追いかけた
少年Bは見えない少女の絵を見ていた
部屋の隅にじいーっと座って　見えないけれどなんとか見ようとして　自分の恋人の描いてくれた絵をじいーっと見つめていた
そこへ　少年Aはナイフを持ってやって来た
（サア殺シテヤロウ　サア殺シテヤロウ　サア殺シテヤロウ　グサグサニ突キ刺シテ　目

殺シテヤル　殺シテヤル　殺シテヤルヨ）

モ鼻モ口モ何モカモ　内臓モ何モカモワカラナイ　グジャグジャナヤツニシテヤロウ　殺

少年Bがそこにいる　少年Aがここにいる　ナイフを持って

近づいた　近づいた　近づいた　そのときだ　そのときだ　そのときだ　そのときだ　そ

のときだ！

そのとき少年Bが　目の見えない少年Bが　クルリと振り返って言った

「ああ、Aか。なにしに来たんだい？」

（アンタヲ殺シニ来タンダ）と少年Aは言おうとしたが　言うことができなかった　言う

ことができなかった

そんなことを言うことは絶対できなかった

かわりにAはこう言った　少年Aは少年Bにこう言ったんだ

「Bよ、俺は作家になろうとしている男だ。君は目が見えないかもしれない。だけど君の

ために彼女は絵を描いた。俺は作家になろうとした男だ。作家になろうとしている男だ。

俺は文章によって、文を書くことによって、見えない絵を見えるように、君に説明するこ

とができる。今から説明しよう。

君の目の前にキャンバスがある。君の好きな恋人はそのキャンバスの前に立っている。

心をこめて絵の具を溶かす。赤と青と群青色とコバルトグリーンと、さまざまな色を、

さまざまな色をグルグルと回して、まだ誰も見たことのない、あたかもひゅるひゅると五

月に流れるような不思議な色を作り、それをキャンバスに叩きつけている！　叩きつけている！　その絵は何だ？　その絵は何だ？　その絵は何だ！　ほら、見えてきたな？　まるい輪郭が見えるか？　まるい輪郭が見えるか？　目が二つあるぞ、赤い目が二つ描いてあるよ。鼻も描いてあるぞ、口も描いてあるぞ、ほら見えてきたか？

　ほら見えてきたか？　そうだ！　いいよ！　おまえの恋人がおまえのために描いてよこした絵は、おまえ自身の！　おまえ自身の！　ありのままの姿なんだよ!!」

少年Bは　少年Bは　少年Bは　黙ーって　黙ーって　黙ーって　Aの言葉を聞いていたけれど絵のほうを　見えない瞳でじぃーっと見て　ひとこと言った

「俺たち、おんなじすいかをぬすんだ。俺たち、おんなじ女にだかれた。俺たち、おんなじ女に恋をした。俺たち、おんなじ汽車にのった。俺たち、運命は別れちまった。

　だけどさ、だけどさ、Aよ！　おまえの説明で、あんたの説明で、見えたよ！　見えたよ！　見えたよ！　たしかに今おまえの説明で、あいつの絵が見えたよ！」

どういうわけだよ！　この世の中はツイてるやつとツイていないやつがいて　ときどきダメになっちまうやつがいる！

そいつが誰だかわからない！　そいつが誰だかわからない！　でもそんなことはどうでもいいんだ！

ツイているやつとツイていないやつと　そのふた種類がこの世界にいるだけなんだ！

だからAよ！　だからBよ！　だから俺たちよ！　だからおまえらよ！
目に見えない　俺たちをどうにかしようとしているやつらに向かって　声を限りにその名を　その名前を問いただしてみようじゃないか！
今この場で　代表してそれを俺がやってやるよ！
俺たちを不幸にしているやつ！　おまえ！　おまえ！　おまえは誰だ！　誰だ！　誰なんだ!!

「HEY YOU！
HEY YOU
WHAT'S YOUR NAAAAME！

HEY YOU！
HEY YOU
WHAT'S YOUR NAME？

俺はイヤだ！　俺はイヤだ！　俺はすりこぎなんかになりたくない！
その前に！　その前に！　その前に！　名前を名乗ってくれ！

HEY YOU !
HEY YOU
WHAT'S YOUR NAME ?
HEY YOU !
HEY YOU
WHAT'S YOUR NAME ?

HEY YOU
WHAT'S YOUR NAAAAAME !!」

編集部注・この作品は、郷伍郎氏作詩のオリジナル曲の歌詞をもとに著者がアドリブにて絶叫した歌詞を加えたものです。

お蔵出しエッセイ連発！

変わることのない〝映画の力〟

先日、映画好きだという10代の女の子に話しかけられたので、

「映画のことならまかせておきなさい、こう見えても君の歳の頃、年間100回以上は名画座に通っていた映画少年だったんだぜ」

と、アントニオ猪木のごとく「かかってきなさい」のポーズを取ったまではいいが、すかさず「名画座って何？」と問われてズッコケタ。そうか、もう名画座って池袋の文芸座ぐらいしかないもんな。今はみんなビデオで観るんだよな。

「どんな映画が好きなんだい？」

気を取り直してたずねれば……これがマイッタ。彼女が次々と挙げる映画のタイトル、俳優の名前がことごとくわからんのだ。

「えー？　サマンサ・マシスを知らないの!?」

とか驚かれちゃって面目丸つぶれである。

「いや、オリビア・ハッセーなら知っとるが」

とあわてたら、「誰それ？」と問われてガックシである。たしかに「布施明さんの元・

奥さん」という説明では映画ファンの証明として、まったく説得力がないわなー。

考えてみれば、最近、映画を観ていない。

仕事が忙しいとかヒマがないとか、言い訳はいくらでも立つのだけど、映画に対する情熱が、いつのまにか冷めていただけのことだ。

10代の頃、僕は映画少年だった。特に〝漂泊の青春もの〟とでもいうか、アイデンティティを見つけられない若者があてどもなく、ただきまよう姿を描いた、モンモンとした映画を好んで観ていた。当時の僕自身が人とは違った何かを自分の中に求めて、けれどその何かが何なのかさえわからず、やはりモンモンとしていたからだ。映画の中の何もできない若者と自分を同化させて、自虐的なナルシシズムに酔っていたのだ。

パチーノの『スケアクロウ』、ピーター・フォンダの『ダーティ・メリー、クレイジー・ラリー』、デ・ニーロの『タクシードライバー』等々、特にダスティン・ホフマンとジョン・ボイトの『真夜中のカーボーイ』が好きだった。

悪い思い出以外は何もない田舎町を捨て、ニューヨーク行きの長距離バスに乗り込んだジョン・ボイトが、車窓をながめる。遠ざかる風景が諸行無常の哀しい側面だけを拡大して、やるせなかった。哀しさとやるせなさに浸る時間は、しかし心を癒されているようで落ちつけた。

現実がイヤでたまらなかった僕は逃避の場所として、文庫本と、そして映画がなければ日々の暮らしを送れなかった。

「ああ、話してたらまた映画が観たくなったよ。最近の映画でお薦め何かない？」

映画好きの少女は、ウィノナ・ライダーの『スクエアダンス』という映画を教えてくれた。

観た。驚いた。冒頭のシーンはこうだ。

悪い思い出以外なにもない田舎町を出るため長距離バスに乗る少女。車窓。遠ざかる風景……。

ああ……こりゃ〝漂泊の青春もの〟だよ。

「観たよ。いい映画だね。よかった」

後日、彼女に映画の感想を伝えると、

「そうかぁ、あのよさをわかってくれたんだぁ、うれしいなぁ」

と喜んだ。

わからぬものか。かつて、僕が入れこんだ映画ジャンル。現実逃避型の若者の心を癒し励ます〝漂泊の青春もの〟が、今も存在し、そして、現実に10代の少女の心を癒し励ましているという事実に、変わることのない「映画の力」を感じて、喜んだのは僕の方だ。

死にたくなったらこれを読め！

青春の途上でふいに死にたくなった時、君は何をすべきか？
ウ〜ン、何やら20年前の「GORO」や「平凡パンチ」の特集みたいだな、まあいい。
さあ君ならどうする？

さまざまな選択はあろうが、やっぱり死んじゃうのはよくない。どんなにボロボロの日々でも生きていれば「あ〜よかった」と思える一瞬がある。それだけで人生は価値があるのだと、中島らもさんも本に書いておられた。僕も賛成だ。やっぱ死ぬのはよくない。もったいないし、きっと誰かに対して申し訳ないことなのだ。自ら命を断つなんてのは。誰に対してかは分からんけれど、きっと誰かがいるはずだ。

「Hot-Dog PRESS」の超人気コラム、僕も毎号楽しみにしている「試みの地平線」において、ハードボイルド作家の北方謙三先生はこの難問にズバリこう答えておられた。
「死にたくなったら小説を読め！」

小僧！　まだまだ物足りないぜ！　ってか？　いやしかし先生、死ぬの生きるのって時に読書でもないでしょう。

「うるせぇ！　50冊読め！」


そ、そんな太字で怒鳴られても！

「それでも死にたかったらもう50冊。そしてその中に太宰治を2冊。だが太宰は続けて読むなよ（ニヤリ）」

いちおう言っておくと文中（ニヤリ）のみ僕の想像であります。

一見強引にも思える北方論。だが架空の世界に没頭していればわずらわしい日常の悩みにとらわれているヒマは無くなり、うつ症状の良薬である「時の経過」を促進もしてくれる。話題も増えて少年の苦悩最大の原因である他者とのコミュニケーションを円滑化してもくれるはずだ。読書は合理的に見ても自殺願望回避にうってつけの手段なのだ。おっしゃる通りですね先生。

「当たり前だ！（ニヤリ）」

失礼しやした～。

さて「死にたくなったら読書」、これは決定として、では太宰治以外に、君は何を読むべきか？

僕としては大槻ケンヂの小説『くるぐる使い』とエッセイ『のほほん人間革命』の2冊を薦めたいのだが、それではまるで宣伝をしているようなので（しとるのだ。スマン）今回は控えておこう。かわりに何冊かの本を紹介したい。若き自殺願望者におくる「死ぬな！　これを読め！」だ。

まずは『深夜特急』沢木耕太郎著（新潮文庫）。

定番である。が、やはり10代の内に読むべし。沢木20代の世界放浪をつづった旅本。金なしヒマありありだった若き日の沢木耕太郎が世界を歩く歩く。バイタリティーに恐れ入る。「オレもやらねば！」と読者をやる気にさせることフクロウ博士5人分に相当。何より「オレはなんとちっちぇー野郎だったんだ！」と君は呆れ返るはずだ。

続いて『自由になあれ』三代目魚武《うおたけ》濱田成夫著（角川文庫）を読むべし。

タイトルはダサイが中身はとてつもなく面白い。僕はサムイ島の1泊５００円のバンガローでひと晩に2回読んだ。とにかく名を上げたい。そして自伝を出したいと思い立った貧乏青年濱田成夫が、悪意的なまでにエゴをまき散らしているうちに、本当にヒョイッとチャンスをつかんで花のパリでファッションショーを開いてしまうのだ。フランソワーズ・モレシャンもビックリのサクセスストーリー。で、実話。で、濱田さんしっかりフランス人モデルとHしたぜと書いている。ＯＨ！　セシボーン！（©高島忠夫）20歳そこそこでだぜ。こんなもん読まされた日にゃあ、ねたましくて腹たって、「死んでるヒマじゃねーよ！」となること必至だ。やる気にさせることフクロウ博士10人分。

次はこれだ。『帝銀事件と平沢貞通氏』遠藤誠著（三一書房）。読むべし！

昭和23年帝国銀行でおこった大量毒殺強盗事件を、犯人とされた画家、平沢貞通の弁護士遠藤誠がバッサリと斬る！　いや、斬るとひと言で言えないくらいに一刀両断なんだなこれが。いわく「平沢は無罪。冤罪である」「犯人は他にいる」ここまでならまだわかる。

この後がすごい。驚くべきことに遠藤誠さんは、自分の推理する真犯人の名をズバリ書き記しているのだ。

「真犯人は陸軍七三一部隊の諏訪中佐だ」と。中佐は帝銀事件の1年後に謎の死を遂げている。これについても遠藤さんはぶったまげるようなことを言っている。毒ガスなどの化学兵器を扱っていたといわれる七三一部隊の技術を必要としていたGHQが、事件をもみ消すために、中佐をひそかに殺《や》っちまったのだろう……と。

ウムムム……んなことがあるのかないのか僕にはなんとも言えないけれど、この他にも、警察の平沢氏逮捕のきっかけが実は「占い」に従ったものだったとか、平沢氏は犬にかまれたことが原因でコルサコフ症候群という、人に「そうだろう?」と言われると「そうです」と答えてしまう症状の病気を患っていたとか、しかも噛んだ犬の名が「ポチ」だったとか、ぶったまげ情報目白押しの必殺本。読んだなら、「おいおい、真偽の程は別としても、世の中ってこんなに裏があんのか、死んでる場合じゃねーなー」と思うことまちがいなし。フクロウ博士度15だ。

次は何がよいだろう。オカルト本を薦めたい。

僕はUFOとか臨死体験だとかその手の本がとにかく好きで、部屋中にあふれ返っているのだ。超常現象に対して、人は「ある、ない」を論じることにしか興味を持とうとしないけれど、それはグレート・ムタVSグレート・ニタの試合を「どっちが勝つか」でしか観ようとしないようなものだ。他にさまざまな楽しみ方があるというのにもったいない。例えばUFO現象を、「世界規模のウワサ話」ととらえ、ではなぜそのようなフォークロアが広まったのか、原因を探るという面白がり方だってある。

UFO話の発祥地はアメリカ。アメリカは移民の国なので共通のおとぎ話が存在しない。そこで共同体としての結束力を高めるために、UFOというおとぎ話が自然発生的に米国民たちによって創造されたのだ。なんて、かなりこじつけながらも民俗学的に考えることだってできるのだ。『私は宇宙人にさらわれた！』ジョン・リマー著（三交社）を読むと、そのへんの面白さがよくわかるぞ。フクロウ度20だ。

ともかく面白い本を読んでたら「死にたい」なんて思うヒマはなくなるはずだ。もっとお薦め本があるのに枚数が尽きた。まだまだ物足りないぜ（ニヤリ）。

原田宗典作『十九、二十』の解説用に書いた文

十九、二十歳の頃、僕は馬鹿だった。
今でも馬鹿だがあの頃は非道かった。

馬鹿にもいろいろあって、色っぽい姉ちゃんから「ウフフ、お馬鹿ちゃんね」などとヘソ下一寸、武道で言うところの丹田のあたりを人差し指でツンツンしてもらえる幸福なおバカちゃんもいれば、「馬鹿、バーカだよあいつは、話んなんねー」と一刀両断はきすてられる大馬鹿野郎もいる。

僕は圧倒的に後者であった。

しかも「話んなんねー」の後に「他人の心の痛みとかってもんがまるでわかんねーんだよ」とか、「つまりガキなんだよ。善悪の区別っての、社会がどーゆーふーにできてんのかまるでわかってねーんだよ」と付け加えられた上に嚙んでいたガムをンペッ!と路上にはき捨てられた挙句、「一度しめねーといけねーな」ボソッとつぶやかれてしまう馬鹿属青二才類無知型であったのだからまったく話にならない。

二軒のコンビニでバイトをしたがどちらも首になった。

その頃、バンドの仲間連中がとあるコンビニに集団でバイトをしていて、馬鹿の限りを尽くしていた。例えば素っ裸の上にエプロン一枚つけて真顔でレジを打ち、道行く人々のド肝を抜いたり、ロケット型アイスを電子レンジであたためポコチン型アイスに変形させた上、ごていねいにもマジックで「チンポアイス」と命名し再び冷凍庫に入れておいたり（ちなみにこのチンポアイスは数本売れたそうで世の中わからない）、愛すべき青春の陽気な馬鹿であった。

「イヤー、大槻、店の品とかバンバン持って帰っちゃってるよー」

「愛すべき青春の陽気な馬鹿」は、そばに愛すべき仲間達がいてこそ笑い話になるのだということに、当時十九歳の馬鹿属青二才類無知型の僕は気付かなかった。「なるほどそれはコンビニエンス」と思い込み、近所のコンビニでバイトを始め、店の雑誌をガンガンとカバンにつめ、カセットテープをポンポンとポケットに盗み、パック入り豆腐（深夜働いてるとアレがなぜかうまそうに見えるんだよな）をハグハグと食った。たった一人で黙々とやっていた。イタズラにならない。立派な犯罪である。もちろん発覚した。ある日倉庫でカロリーメイトのチーズ味を盗み食いしていると、中年の店長が怒鳴り込んできた。警察に突き出されなかったのは恐らく、僕があまりにも悪いことをしたという意識に欠けていたからではないかと思う。「なぜあなたはそんなに怒るのです？　よくあるイタズラではないですか」という表情をして、「スイマセン、えっ、スイマセン」ペコペコ頭を下げる十九歳の小僧を目前にしたら、壮年の男は「こいつに社会のルールってもんを教えてやる」と思うより先に、「あーヤダヤダ、人生四十年生きてきてよう、なんでこんな奴に社会のルール教えなきゃいけねーのよ、いそがしいってのによー、ったく」と情けなくなるのも仕方がないだろう。それでも僕は、ちがうコンビニで再びバイトを始めた。何しろ馬鹿だから恥も怖いものもなかったのだ。

入ったコンビニは深夜番で、夜十時から朝九時まで、「ネギさん」と呼ばれる頭のハゲかかった中年男と二人でレジに入っていた。ちょっとジャック・ニコルソンに似たネギさんは、とにかくよく働いた。簡単な仕事でさえモタつく僕に嫌味一つ言うこともなく、逆に「大槻君、そこはこうするといいよ」と短くしかも適切に教えてくれた。笑わない男で、そして絶対にグチを言わない男だった。脱サラに失敗した企業の元重役なのだというウワサもあった。

「帰ってね、朝メシだけは子供と食べるんだ。後はね、私は一日中寝ているよ」

ふとつぶやいたりした。一度ネギさんはパンを切る機械で指を切ってしまい、ドクドクと血が噴き出した。あわてる僕を制して、ネギさんはタバコの火を傷口に押し付け、商品のナプキンとセロテープで手際良く応急処置をすると、僕を見て、珍しく笑った。

「アッハッハ、痛いなあ」

その店のレジには小さなカウンターがあり、決まった時間になると、タクシーの運転手が一杯のコーヒーを飲みに集まった。ドライバーたちはネギさんを「店長、店長」と親しみを込めて呼んだ。ネギさんはただの深夜バイトで、本当の店長はまだ大学を出たての若い野郎だった。ネギさんは、店長と呼ばれて、特別な表情は見せなかった。「ハイ」と短く応え、ドライバーたちの紙コップにコーヒーをそそいでいた。

大学入学式の日にも、僕はバイトを入れていた。モラトリアムで入った大学だったから、鼻っから入学式など行く気がなかった。夜が明けたころ、僕が何気なく「今日、入学式なんだよね」とつぶやくと、ネギさんはとってもあわてた顔をして「今日はもうあがりなよ、後は僕がやっておくから、さあ！」とせかした。僕は「ハー」とかアイマイに応えて、言われるまま早退した。

寝ボケマナコで入学式の会場につくと、新入生が全員おろし立てのスーツを着ていた。僕一人が、小汚いジーパンとジャンパーで列に並んでいた。

その店でもネギさんにかくれて僕は店の商品をコッソリ盗んでいた。ある時、他の店員にばれた。翌日、バイト店員の出欠スケジュール表の僕の名前の下に、小さい字で「悪いやつ、要注意」と書き込んであった。

ネギさんは怒った。

「どうしてこんなイタズラをするんだろうな」

と言って書き込みを消しゴムでゴシゴシと消していた。

結局、盗みが原因でその店も首になった。

恐るべきことに、首になった数日後、僕は今までのバイト代をもらいに、ケロリとした顔をして店に行ったのだ。

本当に運のよいことに、その日ネギさんは非番だった。

原田宗典さんの青春小説『十九、二十』を読んで、十年ぶりにネギさんのことを思い出した。

本書はさまざまな人に、それぞれ十九、二十の頃に出会い、すれちがい、別れ、さまざまな人との記憶を思い出させてくれるだろう。まだ十九、二十にいたっていない少年少女には、不安と、希望とが混沌として、つまりは若さとしか形容のしようがない季節の到来を思わせ、ドキドキさせてくれるだろう。そしてまさに今十九、二十歳の読者は、身につまされちゃって正直読むのがつらいかもしれない。けれどだからこそ読むべきだ。

十九、二十歳の頃、人はみんな馬鹿だ。

どうしようもない馬鹿だ。

でも馬鹿でもいいんだ。

過去は変えようがないんだ。十九、二十歳の頃、馬鹿のせいで傷付け傷ついた。それはそれだ。さんざん非道い馬鹿をやって、いつか楽しい馬鹿になって、十九、二十歳の頃の馬鹿を反省しても悔いはしない。

そーゆーふーになれりゃーいーんだ。

と思う。

この素敵な青春の物語を読んで、つくづくそう思った。

「221B」

ガキの頃の話だ。

学園祭の出し物で「クイズ百人に聞きました」が行われた。司会を務めた同級生からの「百人に聞きました。『行ってみたい星はどこでしょう？』」という質問に対し、学友たちが「金星」「イスカンダル星」などと答える中、僕の横に座っていた同級生の内田雄一郎君…現・筋肉少女帯ベーシスト・当時まだガキが、シュタッ！　と挙手。スックと立ちあがり、そしてキョバッ！　と言い放った言葉がこうだ。

「箱根っ！」

百歩譲って、質問を「行きたい場所」と聞き間違えていたとしよう。それにしても、だ。中学生が「箱根」とはチト渋すぎまいか？　ちなみに内田君、当時のアダ名はズバリ「じーさん」であった。

「じーさん」はガキの頃、「箱根」に行きたいと思っていたわけだが、僕はガキの頃、「221B」に行きたいと思っていた。

「221B」と聞いてピンと来る人がいたら、そいつはシャーロッキアンだ。ロンドンの番地名であり、正確には「ロンドン　ベーカー街　221B」である。コナン・ドイルの小説に、諮問探偵シャーロック・ホームズと医師ワトスンが同居していた、と記されている番地名なのだ。ホームズや明智小五郎などの名探偵をこよなく愛するミステリーファンだった子供時代の僕は、クラス替えの〝お別れ文集〟に、「将来は221Bに旅してみたい」と書いた記憶がある。

ポンと20年の歳月が流れ、最近、僕は再び221Bを旅してみたいと考えている。先日、ホームズを小学校卒業以来に再読。そしたらこれが面白くって、再び訪れてみたくなったというわけ。

ホームズ物語の書かれた1世紀前には、ロンドンのベーカー街は100番までしかなく、221Bは架空のナンバーであった。ところが現在は都市再開発のためか現存する番地となっており、小林司、東山あかね著「シャーロック・ホームズへの旅」(東京書籍)によると、そこには「アビ・ナショナル・ビルディング・ソサエティという住宅金融機関の巨大な新築ビル」が建っているのだそうな。

そんなもんわざわざ見たってしょうがない。

しかし、今もロンドンのいたる所にホームズゆかりの場所がある。今は新築ビルの221Bを出発点に巡って歩く旅というのは、想像するだけで胸躍る。例えばチャリング・クロス駅そばには「ザ・シャーロック・ホームズ」という、まるでヒネリのない一直線な名前のパブがあり、ドイルの描写を忠実に再現した「ホームズとワトスンの居間」が展示されているそうだ。そこにはホームズが愛用していたという「コカインの注射器」もしっかりと置いてあるとのこと。英国の人ってものの考え方が本当に一直線だ。

２２１Ｂ、そしてホームズが日本の格闘技「バリツ」の技を使って悪人の魔手から逃れたというスイスのライヘンバッハ滝など、アチコチ旅してみたいが日々の暮らしに忙しく、夢かなわない。せめてホームズな気分だけでも味わおうと、この間、パイプを買いに行った。まずはカタチから。ニ・ワ・カ・マニアの基本であろう。コスプレの一種かねこれも。

たしか新宿の紀伊國屋書店の並びにそんな店があったなと思い、ホテホテと行ってみると、いや、知らなかった。パイプってのは実にいろいろなメーカー、種類があるものなのだな。ガラスケースにズラリと奇妙にねじれた木製の管が陳列された光景は壮観だ。「シャーロック・ホームズ・クラシック・コレクション」という、「まさに」なパイプもあった。アイルランド製というのがうれしい。コナン・ドイルはアイルランド人の役人の息子であった。

ふと横を見ると、初老のサラリーマン氏が、あたかもピンクハウスのドレスを見て少女たちが浮かべるような、「ウットリ」という表情をして並べられたパイプをじーっと見つめていた。彼の手には「日本パイプクラブ連盟会報」、その名も「ぱいぷ」（！）誌がしっかりと握られている。どんな対象にもマニアは存在するものだが、う〜んパイプマニアとは驚いた。パイプの何がそんなに楽しいというのか？　まぁ元ＵＦＯマニアのオレなんかに言われたくはないか、パイプマニアの人々も。

予想以上にパイプが高価なことにも驚いた。こういうものは値段＝価値ではないのだろうけれど、デンマーク製イヨーン・ミッケ・パイプ60万円とは僕の財布がビックリだ。

やす〜いパイプ1本と「ぱいぷ」誌を購入。自宅で早速、ホームズのようにプカ〜リとやってみた…と言いたいところだが…なぜだ⁉　駄目だ、火がすぐ消えちまう。パイプを吸うのにそれなりの技術を要するという事実にまたまた驚かされた。何度トライしても上手くいかない。思い立ち「ぱいぷ」誌をめくればオウッ！「パイプ党の店フナハシ　パイプ吸い方教室　お気軽においで下さい」の広告あり。行ってみるか？　名古屋だ。

ロンドンの前に名古屋、221Bの前にパイプ党の店へ旅するというのもオツというものであろう。単にスケール・ダウンとも言えなくはないが。いや、ズバリ言える。フナハシ。

パイプのけむり

日本パイプクラブ連盟会報「ぱいぷ」55号の目次に、クラブ会長は、「パイプ・わが道」と題して、このような言葉を記している。

「『猫も杓子もパイプ』のブームが去ったら、私たちはブームの消長に左右されることもなく、パイプのけむりを楽しんでいる。これからも大いに煙の輪を広げようではないか」

そのブーム。僕は全く知らんのだが、いつあったのか？　猫が絶妙なバランスで肉球と肉球の間でパイプを握り、プカリモクモクニャーニャーとうまそうに煙をくゆらす姿とは想像するだに可愛いが、残念ながら見たことがない。杓子にいたっては言うまでもない。しかし、「パイプマニア」の間では、自分たちの存在意義を左右するようなパイプブームが社会的にかつてあった。ということになっているのであろう。パイプブーム…か。

「ぱいぷ」に限らず、マニアの専門誌を読むと、世間一般とは全く異なる観点で人間が一喜一憂している姿を見ることができる。

「ぱいぷ」誌55号の巻頭ページはこう来る。

「ねぶたの里　青森でけぷりくらべ　第二十三回全日本パイプスモーキング選手権大会」

何のことやらさっぱりわかりません。

本文にはこうある。

「毎年、全国のパイプ愛好家が集まり、ロングスモーキングを競うけむりの祭典」「二十五クラブ一七一名参加の下、青森市ホテル青森孔雀の間で開催された」

読んでもさっぱりわかりません。

世に祭典は数々あれど、「けむりの祭典」とは何なのか？

いよいよ気になり、「ぱいぷ」誌を熟読するうちにわかった。どうやら世の中にはパイプ愛好家という人々が人の想像する何十倍も存在し、それぞれに友の会のようなクラブをつくり活動し、定期的に集っているようだ。

今年で23回にもなる集いでは、恒例行事として、「スモーキング選手権」なるものが開催されている。その内容はあとにして、ではなぜ青森へ旅立つのかパイプ好きの人たちよ？　と問えばこうである。

「(青森は)全国各ブロックの中でも飛び抜けてパイプの愛好家の多い」土地であるためなのだ。知らなかった。あるいは青森に旅すれば、猫がパイプモクモクの図を見ることもできるのかもしれない。杓子も。

さて選手権の競技内容であるが、これを知ったときまた驚いた。これはインドのカバティを初めて見た時のような、カーリングのホウキ役の人を初めて見た時のような、思わず「へ？」と目が点化するような驚きである。スモーキング選手権とは、「パイプの火を消さずに何分吸っていられるか」を競う競技であるらしい。

素朴に思う。それは一体何が楽しいのだろうか？

その思いは、大会レディース部門優勝者、すみだ川パイプクラブの小滝広子さんの言葉を読むにあたり、さらにターボがかかる。小滝さんは優勝の喜びを「またまた夢心地」と表現している。

「やっと終わってほっとしました。今回は火着き具合が変で、中心ばかりが燃え、（中略）駄目かと思ってました。なんとか途中で消えないで最後まで燃え尽きてほしいと、そればかり願ってました。（優勝して）まるで夢のようです」〝小滝さん表現〟としてではなく、現実としてまさに勝負で完全燃焼し切ったわけで、この燃え尽きぶりには〝あしたのジョー〟もかなわない。

今回の大会は特に激戦であったようだ。

「残る三名で熾烈《しれつ》な戦いとなったが、大ベテラン林香選手（東海）が121分17秒、香山雅美選手（岡山）がよくねばったが、126分35秒で万策尽き、予想通り木内成一選手（徳島）が二氏を振り切り138分16秒で優勝、初の三連覇を成し遂げた」

「大ベテラン」「熾烈な戦い」「よくねばったが」「万策尽き」「二氏を振り切り」「三連覇」と文字だけ読めば、トライアスロン鉄人レースのごとき戦いだがパイプなんである。その場でじーっとモクモクしていただけのことである。

僕はマニア誌を読むのが好きだ。この世には、ハタから見たら「何？それ」と思わずつっこまずにはいられない作業を、心から楽しんでいるマニアがたくさんいる。その面白がりが理解できなければできないほど、自分と距離のあるその地点へ旅し、実際に自分の足でポンポンと踏みしめてみたくなるのだ。

青森まで行ってどんだけパイプの火を消せずにいられるか競い合うことの喜び。そんな奇妙な旅も「あり」だというのなら、そんな奇妙な旅の面白さを知るための旅、なんてのもあっていいはずだ。次回大会地はグッと南下、徳島とのこと。大会団体戦勝者は「煙技道磨き、常勝徳島へ」と今から意気盛んだ。「煙技道ってそれは何?」という疑問はさておき、僕も出場できないかな、と今、密かに考えている。

電気のタクシー

ツアー先の街でタクシーに乗った時のこと。

運転手が話し好きのじーさんで、「ここらへんは昔な〜んもなくってよぉ〜」などと街の解説をしてくれるのはありがたいのだが、「よぉ〜」と言いながら、あたかも映画「エクソシスト」におけるリンダ・ブレアーのごとく顔をグ〜ッと180度うしろへ向けるものだから、こちらは「ヒ〜！」と泣きたい気分であった。

「あっ！　あっ！　ちょっと、城の説明よりも前を見てもらえませんかね、運転手さん」

と思わずビビリながらお願いすれば運転手さん、

「そ〜だな〜、あぶねぇもんなぁ、ヒャッヒャッヒャッヒャッ」

と笑いながら今度は身を乗り出してふり向いたものだ。これはもうリンダ・ブレアーというより、水木しげるの妖怪大全のようなじーさんである。ギャッ！　田んぼにつっ込むぞ。

「でもね、お客さん、こう見えて50年無事故なんだ、ホレ」

と言っては、「特」印の入った表彰状かなんかを持って、またグ〜ッとふり返る。賞状よりハンドルを握れと言いたい。

ホレホレではない。さすがに恐ろしくなり、何か言い訳を作って降りちゃおうかと思ったその時、古い街並みをトコトコと走る車をあやつりながらじーさんはこんなことを言った。

「どう、ホレホレ」

「最初に乗った車は木炭車でなぁ〜」

僕は車好きだが好きなのはフォルムだけで、メカ的な興味は全くない。だから、「木炭車」なるものがかつてタクシーとして使用されていたのかどうかよく知らない。ただ、旅先でかつて木炭タクシーに乗っていた老人と出会うなどとは面白い。それで思わず尋ねた。

「はぁ〜、木炭車ですか。それってどんなメカニズムで動くんですか」

じーさん答えていわく。

「そりゃ〜も〜シュッポシュッポだよ」

車の技術を問うて、「そりゃ〜も〜シュッポシュッポ」であると答えられた日には、ホンダもF-1撤退であろう。

「炭焼いてシュッポシュッポってな。ヒャッハッハッハ」

とのダメ押しには本田宗一郎も工具投げ捨て自転車のパンク修理を始めるのではないだろうか。

黙って聞いてりゃじーさん、さらにスゴイことを言った。

「木炭車の次に乗ったタクシーはね、アレだ。電気自動車」

「……電気自動車ですか？」

「そう、電気のタクシー。電タクね。ヒャヒャヒャヒャ」

電気グルーヴ略して電グルなら知っているが、電気タクシー略して電タクなどというものを僕はまた知らない。

「昔は走ってたよ、電気自動車」

って、それ本当か？

「本当だよ。私の乗った電気自動車はね、70キロしか走れないんだよ。えっ？　違うよ、時速のことじゃないよ。70キロ以上走るとね、止まっちゃうの。電池が切れて」

って、本当に本当か？

「だからね、お客さん乗っけててもね、35キロ走ったら営業所に戻らなくちゃならないの。充電しに、ヒャッヒャッヒャッ」

ヒャッヒャッヒャッ。絶対話作ってるだろうこのジジー。いくらなんでも充電は面白すぎだ。

まぁ旅の土産話には面白いしダマされてもいいだろうと、その時は、「はぁ、すると昔のタクシーはミニ四駆みたいなもんですかねー」などとまるで嚙み合わない受け応えをした。

先日、日本武道館で僕のライブがあり、スタッフと待ち合わせるため、隣にある科学技術館のロビーへ入ったところ、デーンと電気自動車が置かれてあったのには驚いた。

現在のものではない。今から100年近くも昔に作られたものだ。アメリカ第27代大統領タフトの愛用車と説明の書かれたボードがあった。読んでさらに驚いた。あのじーさんの話はあながちウソとは言い切れないようだ。説明書きによるとこうだ。

1873年、蒸気自動車に続いて製作された鉛蓄電池式自動車は、時の大統領の公用車に使われるなど一般化しつつあったが、開発グループから独立した人物により製作されたガソリン車の出現によって、1930年ごろよりしだいに姿を消した。

知らんかったなー。ちなみに開発グループのリーダーはエジソンで、独立した人物こそがヘンリー・フォードなのだそうだ。ふーん。

さらに、「1馬力、最高速度は40㎞/h」であったそうな。そんなオモチャみたいなものに乗って、あのしゃべり好きのじーさんが、若い頃、毎日35キロ限定のドライブに出かけていたのかと思うと、なんだかホノボノとする。

たしか70歳を超えていると言っていたが、じーさん、今もどこかの街をトコトコと走っているのだろうか。3分に1回180度ふり返っては客をビビらせながら。また会ってみたいような会いたくないような。

「早口で『シャア少佐』と3度言え!!」

ここ数日、マジンガーZ、ガイキング、ライディーン、シャイニングガンダムといったスーパーロボット&モビルスーツたちと日本中を旅している。…と書き出せば大槻もついに彼岸《ひがん》の向こうへ行ってしまったかと思う読者も多かろうがそうではない。

ここ数日、プレイステーションの戦略シミュレーションゲーム「新スーパーロボット大戦」に没頭、ゲームに登場するマジンガーやガンダムたちと、地球の存亡をかけて世界の各所をシミュレーションで飛び回っているのだ。

と正確に書き直せば、これはこれでアブナイ。いい大人の行動としては、やはり彼岸の向こうといえる。

しかしこの旅、なかなかに面白い。

新スーパーロボット大戦は、初心者向けの地上編と上級者向けの宇宙編とに分かれていて、僕の選んだ地上編は、日本のアチコチで我がスーパーロボット軍団と悪のバルマー帝国軍から派遣されたロボット軍団が一戦を交えるのだ。例えば小笠原諸島鳥島沖に出撃、僕らのボルテスVは獣士バイザンカや円盤ボルテスを撃退。あるいは光子力研究所を守るため富士の樹海で僕らのマジンガーZが機械獣ダグラスM2やガラダK7と対峙《たいじ》。これをブレストファイヤーで見事殲滅《せんめつ》。強いぞ僕らのマジンガー！　喜んでいる暇はない。バルマー帝国のジャンギャルは自らスカルークに搭乗し、暗黒怪獣ブラックモンスターを従え、なんと豊橋を襲撃。なぜ豊橋？　いかんせん狙いが地味だぞジャンギャルよ。僕らの大空魔竜がこれも撃退。かごやホール（豊橋のライブハウス）は守られた。僕らの大空魔竜は大阪も死守。休む間はない。僕らのシャイニングガンダムは新宿でデスアーミーを、僕らのガイキングは筑波学園都市でサソリンガーを大破壊！　と、まことに多忙な上、我が国アチコチ大変なことになっている。都市再建の費用は消費税によるのか総理。気になるところである。

ゲームの中とはいえ、旅は楽しい。スーパーロボットと一緒な上、搭乗者たち1人1人のキャラがどいつもこいつもマンガであるため異常に濃いのだ。やはり旅は友によってその楽しさが決まるものだなとバーチャルに痛感するのである。例えばVガンダムの登場人物の経歴を資料で見れば、「地球をバイク乗りの楽園にしたいと夢を抱いて戦っているパイロット」であり、口癖は「バイク乗り魂を見せてやる！」だそうな。何か勘違いの入ったゴキゲン野郎だ。地球の危機にバイクの楽園とかいっとる場合ではなかろうと素朴に思うのだが面白いので許す。と思いつつ、「東方不敗」の特技を見れば「詩歌をたしなみ四川料理を作る」とあり、こんなやつらに地球をまかせちゃっていいんだろうか？　それより問題なのはトライダーG7の搭乗者、その名も「竹尾ワッ太」であろう。性格は「竹を割ったような」とあり、もはや地球の存亡はダジャレにまかされてしまった。しかもワッ太、緑ケ丘小学校六年生ときた。小学校ではいたずらものだが、「家に帰れば、宇宙のなんでも屋『竹尾ゼネラルカンパニー』の社長。『出前迅速、処理万全』をモットーに出撃」とある。

地球、もうダメである。

地球もうダメ説を裏付ける強力な証明として、「大空魔竜ガイキング」のパイロット、ツワブキ・サンシローの経歴をあげたい。ちなみにつぶやきシローとは別人である。ま、一応言っておくとな。

「ツワブキ・サンシロー…野球チーム・レッドサンの選手だったが、デビューを暗黒軍団にはばまれた。その超能力を大空魔竜戦隊へ買われ入隊。ガイキングのパイロットになる」

って目茶苦茶だ。ジャイアント馬場さんの野球→プロレスをはるかに越えるガイキング転職だ。募集告知はやはり「GAT'N」か？

さらに「ガイキングが魔球を応用した必殺技を使うのは彼がピッチャーだったから」という仰天事実もあり、今や地球の存亡もダイエー、ロッテ戦程度と言える。

共に旅をしながら各自のキャラを調べていくうち、もう大人だってのに今さら巨大ロボットアニメに興味が湧いてきてしまった。僕は「宇宙戦艦ヤマト」から「新世紀エヴァンゲリオン」までの、その手の歴史がスッポリ抜けているのだ。中学時代の親友と高校が別々になり、彼の入った部活がアニメ研。僕は帰宅部。学校であまり友だちのできなかった10代の僕にとって、中学時代の親友が高校で仲間たちと楽しく語らっている図というのは、単純にうらやましくてねたましくて寂しくて、別に「機動戦士ガンダム」や「時空要塞マクロス」に何の罪もないのだけれど、僕はその手のものを全く見なくなってしまったのだ。実に青臭い。照れ臭い思い出である。

というわけで失われた10年の記憶…巨大ロボットアニメの歴史を今、少しずつ勉強し始めている。オレがアニメ好きになったらもう絵にかいたオタクではないか。困ったものだ。この先どこまで行くのやら。

「221B戦記」の巻

高円寺の懐かしオモチャ専門店ゴジラ屋にマジンガーZのソフビ人形を買いに行ったのは、昨日、特撮アニメソング界の帝王、水木一郎さんと対談したからだ。水木さんの歌ったヒーローたち&バロム1や仮面ライダーX、そしてマジンガーZなどの話で盛り上がるうち、その手のものが無性に欲しくなったのだ。

水木さんは二十歳の時にロマン歌謡でデビューしたものの芽が出ず、しばらくのブランクの後、「原始少年リュウ」のテーマソングで復活、以来、二十数年、数えきれないほどたくさんのアニメ&特撮主題歌を歌ってこられた。

最近発売になった「ICHIRO MIZUKI HITS Vol. 1」には2枚組20数曲のテーマ曲が収められていて、いやスゴイ。何がスゴイって「窓辺にたたずみ一息つく水木先生」の「ブロマイド入り」というのがまず壮絶にスゴイのだが、負けず劣らず、歌詞がスゴイ。大人になって改めて読むアニメ&特撮テーマ歌詞のぶっ飛び方はズバリ言って裸のランチよりシュールだ。例えば超人バロム1のテーマ曲「ぼくらのバロム1」はのっけからこうくる。

「マッハロッドでブロロロロ〜ブロロロロロ〜ブロロロロロ〜」

って何なんだそれは。

「ぶっとばすんだ　ギュンギュンギュン」

はまだしも、だ。

「魔人ドルゲをルロルロロ」

と言われた日にゃあ困ったものだ。「魔人ドルゲ」ですら「その名前はちょっと」といった所なのに。そいつを「ルロルロロ」とは一体どうしたものか。ちなみにバロム1は「ゴルゴ13」のさいとうたかを原作。初回、魔人ドルゲが善良な市民を襲撃する際に、「電話帳」で居所を捜す素敵なエピソードはマニアには有名。子供にゃトラウマ。

マジンガーZの挿入歌「戦う兜甲児」にはカルチャーショック。なぜだ。こうだ。

「ふかせ！　アクセル　マジンゴー」

おいちょっと待てっ。マジンガーZって「アクセル」で動くのか？

「踏め！　クラッチ　マジンゴー」

踏むな、そんなもの。巨大ロボットって、「クラッチ」が付いてるものなのか？　マニュアルか？

「入れろ？　ギアだ　マジンゴー」

マニュアルだ。

知らなかった。空にそびえるくろがねの城、スーパーロボットマジンガーZは、自動車と同じ機構を揃えていたのだ。揃えてどうする。エンストするぞ。半クラ。

いくらなんでもそれはあるまい。誰だ作詞者は？　永井豪先生に謝れ！　と思いつつ歌詞カードを見れば、そこにはドーンと「作詩・永井豪」とあって心の底からヒックリ返った。

現在、かつて水木さんが唄ったヒーロー主題歌がヘヴィーメタルバンドによってリメイクされ、ヒットしている。再評価の理由の一つは、どれほどぶっ飛んだ歌詞を提示されても、渾身《こんしん》の力で対峙した水木さんの真摯《しんし》な姿勢が、それこそヒーローのように一本気でカッコイーからだと思う。

クラッチ付きスーパーロボットの人形を求めて、中央線沿いの道を阿佐ケ谷方面へと歩く。ここらへんは高校生の頃、毎日のようにウロついていた。その頃すでに、ゴジラ屋があったかどうかは覚えていないのだが、ゴジラ屋のあるあたりで、中学の同級生がつっぱりにカツ上げされたことはよく覚えている。せーちゃんという友人で、長嶋茂雄的天然ボケの少年であった。

「おい、ちょっとカンパしてくれねえか」

と不良に絡まれたせーちゃんは思わず聞き返した。

「えっ。乾パン…ですか？」

せーちゃんが真顔だったので、つっぱりもなぐっていいものかどうか考えあぐねたとか。

結局ポカンと一発なぐったらしい。

懐かしいバカ話を思い出しながら店内に入ると、中はもっと懐かしい人形が並んでいる。

マジンガーZ、仮面ライダー・ストロンガー、イナズマン、テッカマン、ロボット刑事K。

オタクとかマニアとか、そういうこととは全く関係なく、すべての男は少年期に夢中になったヒーローに久しぶりに出会うと、胸がドキドキする。少年期には確かに自分の中にあった、今ではスッカリ忘れてしまったいくつかの感情を思い起こさせてくれるからだ。感情を的確に表現する言葉はいくつかあるが、いずれも、大人になると気恥ずかしくて口に出さない単語ばかりだ。泥酔した深夜4時の飲み屋でなら言えるかもしれない。

最近、筋肉少女帯で「221B戦記」という歌詞を書いたのだが、その、大人になると気恥ずかしくて口に出せない言葉をいくつも並べた。やはり気恥ずかしくて、書いたはいいが唄えず、大部分をゲスト参加の水木一郎さんに唄っていただいた。水木さんは、少年が大人になると気恥ずかしくて口に出せない「勇気」「友情」「正義」を唄うプロフェッショナルである。高らかに唄ってくださった。聞いていて、胸がドキドキした。

大槻流金田一論

横溝正史が書く怪奇探偵物語の構造をスパッと言っちゃうと、結局のところ「執着VS無欲」ということになる。

仏教で言うところの苦しみの根本原因である「執着」にとらわれた人々が、横溝作品には次々と登場する。彼らが執着するものは、情欲であったり家族制度であったり、たいがい愛憎うずまく、人の力ではどうしようもない、あらかじめ定められた運命であることが多い。テコでも動かぬ運命を動かそうとした人々に残された最後の手段が殺人だった……という悲劇を、横溝はこれでもかこれでもかと創り上げてきた。『八つ墓村』もそうだ。

執着は苦しみを生むから、それは捨てろ、と遠い昔にお釈迦様は言った。

執着にとらわれた人々が地獄に落ちた後で、執着のおろかさをパズルを解くように説明すると共に、「でも……その気持ちはよくわかります」と言って、地獄に落ちた人々の業の深さを、肯定して受け入れてあげるのが、横溝物語の中でただ一人の無欲の人、金田一耕助の仕事だ。

名探偵よりも名僧として、僕は金田一を見ている。

寺山修司の魔術

死の直前に書かれた寺山修司の文章に、「私には墓はいらない。私の残した言葉で十分だ」とある。

けれど、彼のお墓はしっかり建っている。

東京の郊外に、ひっそりと。墓石の上部は開いたままの本の型になっていて、墓前には雨風をよけるためのガラスケースに入れられた彼の著作が数冊置かれている。

なぜこんなことを僕が知っているかといえば、実際に見てきたからだ。

僕は寺山修司のお墓参りに行ったことがある。

20歳のころだ。当時つきあっていた彼女はいわゆる活字中毒者の読書少女で、とくに宮本輝と椎名誠と、そして寺山修司がお気に入りだった。

5月。よく晴れた日、ふたりで花も持たずに寺山修司の墓がある霊園に行った。

寺山さん、ごめんなさい。あれはお墓参りというより、単に「デート」でした。

ゴトゴトと、電車に揺られて小1時間。霊園のある駅へ着いた。

ふたりで小さな地図をのぞき込み、霊園をさがした。

たどり着いた霊園はけっこう広く、個人のお墓を見つけ出すのは至難の業だった。墓石に刻まれた文字を見ては、「これでもない、これも違う」などと言って、しばらく歩きまわった。それでもどうしても見つからず、霊園の管理人室へ行って、「寺山修司という人のお墓はどこでしょう」ときくと、応対に出たおじさんは「ああ、寺山さんのなら、あそこあそこ」と言って、僕たちの後方をサッと指差した。

「よく来るんだよ、君たちみたいな若い人が。お墓参りしたいってね」

と、僕たちを見ておじさんは言った。

寺山修司の良さはひと言で言い表せるものではない。芝居、詩、エッセイ、短歌、映画、競馬評論、他、さまざまな表現活動に取りくみ、どの世界でも高い評価を得ている彼だから、ひと言で彼の素晴らしさを言い表すことは不可能だ。だけどもし、彼に別名をつけるなら、例えば「人間風車ビル・ロビンソン」とか「燃える闘魂 アントニオ猪木」みたいな1行のキャッチフレーズをつけるとしたら、やはりこの言葉がピッタリだろう。彼を語る時必ずといっていい程に使われる定番文句だけれど、でもやはりこの言葉がピッタリだ。はまる。

「言葉の魔術師 寺山修司」

あるいは「言葉の錬金術師」でも良いかもしれない。誰もが見過ごしていることがらを拾い上げ、言葉によってダイヤの原石をピカピカにするようにそれに輝く意味を持たせてしまう。それが寺山修司の得意技だ。

例えば、アニメ「サザエさん」のミステリーを初めて追究したのは彼だ。サザエとマスオ、その冷めた夫婦間にセックスはありや？ と初めて世に問うたのは彼だ。そして「サザエさんは娼婦になる以外、生きていく価値はないのです」というようなことを書き、日曜日、家族団らんの基本として日本中が疑問のひとつも浮かべることのなかった人気者に、うがった解釈を試みた。

また、いくつもの微妙に違った自分の少年期に関する思い出を記し、矛盾点に疑問を抱く読者に対し、ドードーと「起こらなかったこともまた歴史のひとつなのです」とうそぶき無理矢理説き伏せる。まるで、中西学のアルゼンチン・バックブリーカーみたいな力技も見事だった。

そして思春期のころに若者が持つ、心の中のドロリとした、ハッキリしない、漠然とした恐怖感を、わずか1行の句の中に閉じ込める仕事師でもあった。

　間引きされし故に欠席地獄の弟の椅子

俳句という、制限された字数のなかにスポリといろいろなことを放り込み閉じ込めてしまう。プロレスでいうならさしずめ木戸修のキド・クラッチか（プロレスファン以外の人、わかんなくてゴメン）。

しかし彼最大の魔術とは、彼の放った言葉が、多くの少年少女の心を引きつけ、彼の言葉に酔った若者たちが、クモの糸にたぐりよせられるように、いつの間にか、より寺山修司に近いところへ行こうとしてしまう不思議さだろう。

『書を捨てよ、町へ出よう』と彼がアジれば、少年少女は本よりもまず行動が必要だと悟り、『家出のすすめ』を彼が記せば、少年少女たちはカバンひとつで住んでいた町を捨て東京へ向かった。

そういうふうに彼の言葉に啓発されて、家出をして寺山のもとへ集まった若者が数え切れぬ程いたという。

寺山修司は言葉の魔術師であるとともに、青春期の心の闇に言葉というランプで道を灯す導師なのだ。

寺山自身にとっては、そんな思われ方をするのは迷惑かもしれないけれど、彼の言葉は（根暗の）少年少女たちを引きつける磁力が確かにある。

そしてその力は、彼の死後も衰えてはいないのだ。

僕と彼女はデートとして彼のお墓参りに行ったわけだけど、実は無意識のうちに、彼の「少年少女を引きつける言葉の魔術」をかけられての行動だったのではないかと、今にして僕はそう思っている。

『赤毛のアン』に想う

カナダの東端にあるプリンス・エドワード島は多くの女性にとって特別の意味を持つところだ。男たちにとってはピンとこないかもしれないが、女性たちはこの場所を少女のころからよく知っている。それは、この島を舞台にしたある少女の物語に胸を熱くさせた思い出があるからだ。

モンゴメリの創作した、やせっぽちで赤毛の少女、アンの物語は時代を超えてほとんどすべてといっていいほどの女性たちの心を今も強く打ち、プリンス・エドワード島を「少女の理想が現実化されたところ」と思い込ませる影響力を持っている。

モンゴメリというおばちゃんは本当にスゴイやつだ。少女どころか、むくつけき男であるこのオレの心まで強く打ち、プリンス・エドワード島への想いまで抱かせてしまったのだから。

オレが『赤毛のアン』を読んだのは22歳の時だ。

その昔つきあっていた女の子がさかんに「ステキなのよ」と言っていた「アン」をオレが読んでみようと思ったのは、ある日、本屋へ行き、ふと感じた「自分が絶対読みそうにない本を読むことによって、何らかの内面的変化が訪れることがあるのだろうか？」という素朴かつヒマ人の考えがちな好奇心からだった。

そして本棚をグルリと見渡し「これだっ！　エイヤッ！」と抜いたのがまさに『赤毛のアン』だったのだ。

果たして内面的変化は訪れたのか⁉

結論を言うならそれはあった。

オレは自分の内面に実は秘かに潜在していたらしい「少女趣味の心」を、アンをはじめその他の登場人物たちにユッサユッサこれでもかこれでもかと、あたかも小橋健太の荒技「ローリング・クレイドル」の衝撃で揺さぶられ、その震動は、どうやら少女趣味と直結しているらしい涙腺にまで波動をダイレクトに伝えてくれちゃって、オレは、オレは泣いた。

「え、ええ話や〜」と、力持ちだが情けにゃ弱い、『ど根性ガエル』の梅さんみたいにホロリと泣いた。

アンは性善説に基づいて書かれた物語だ。登場人物のすべてがやさしく、愛を糧《かて》として生きている。

この物語は世界中の人々がみんなこんなだったらいいのにな、という理想の物語なのだ。

理想は理想であって現実ではない。しかし『赤毛のアン』にはそんな反論を寄せつけない迫力と厚みがある。

アンの人気はそこにある。何しろ自他ともに認めるヒネクレ者のオレを泣かせちゃうんだから大したやつだぜ、アンってやつぁよ。

アンの物語に感動した読者たちは、心地よい精神浄化の涙の後に、必ずもう一度涙を流す。今度の涙はつらくてしょっぱい。「理想は理想であって現実ではないのだ」という真理に気づいて泣くのだ。

「アン」の性善世界は、結局お話の上でしかありえないのだという現実に、成長する上で気づかぬアホはいない。

性善世界、理想郷が存在しないことはみんな知っている。けれど、ユートピアを追い求める気持ちが人の心から永遠になくならないだろうことも、またみんな知っている。

男性より女性の方が、この反目し合う気持ちを強く意識することが多いのではないだろうか。そして妥協の方法として彼女たちは海外旅行をするわけだ。

海外旅行に対して、男性より女性の方が関心が高く、また独身男性より独身女性の方が旅行経験が多いのはそのためであり、さらにその根源には少女期の『赤毛のアン』読書体験が強く存在しているのだ。と、オレはやや強引ながら考察するのである。

理想郷は存在しないという現実、しかし現実を遊離して、ここではない暖かい世界へ行きたいという理想。海外旅行はユートピア願望をめぐる、この〝仁義なき戦い〟の妥協点となりえる。

モンゴメリが「アン」で描写したプリンス・エドワード島は、花咲き乱れ、夢々しい理想郷であった。

『赤毛のアン』の深いところは、舞台となる理想郷を「プリンス・エドワード島」という「現実」に存在する土地に選んだことだ。

少女の性善世界、理想郷願望をつかのま充実させる物語の舞台が現実に存在している。これは何と解釈すればよいのだろうか。

ユートピア願望をめぐる「現実」VS「理想」の戦いの妥協点として海外旅行があるというのに、その妥協案を用いて、理想郷代表として描かれた場所へ行くこともまた可能なのだ。聞いた話だが、プリンス・エドワード島の中でもアンにゆかりの深い場所はアン・グッズを売るおみやげ屋が並び、すっかり「現実」的になっているという。

理想と現実に葛藤し、妥協した上で理想郷とされる土地へ行き、そこでまた現実を知る。ユートピアはどこまでも遠いということか。

セブ島沖のデストロイヤー軍団に注意！

セブ島には海賊がいる。

「海賊」という言葉は正しくないが、海賊のように人の船に勝手に乗り込んでくる怪しいボート・ピープルが多数存在するのだ。これからセブに行こうとプランを練っている人たちのために、誌面を借りて注意報告しておきたい。

ヤツらは、セブ島東端にあるリゾート島の砂浜からアイランド・ホッピングを楽しもうとボートに乗った人々を標的とする。

ボートでのアイランド・ホッピングはのどかで陽気だ。僕は現地ガイドに導かれて、海上に点在する、まるでピンボールの中のボカボカと鉄球をはね返すバンパーのようなかたちをした小さな島々を巡り、リゾート気分を満喫していた。ボートは滑るように水上を進んでいた。

「おい、兄ちゃん」

と真っ黒な顔をした現地ガイド君が笑いながら言った。

「ウニ食わねえか？」

ここは寿司屋か⁉ んなわけないに決まってるが、兄ちゃんはイキなお寿司屋の板前さんみたいなことをだだっぴろい海の上で、ふと言った。

「ウニ、うまいぜ」

「ウニ？　どこにあんの？　冷蔵庫持ってきてんの？」

僕の問いかけに、兄ちゃんは再びニヤリと笑い、人差し指を下に向けてこう言った。

「ここだよ」

彼の差し示す先はウニではなく海だった。

「とってきてやるよ」

兄ちゃんは言い終わるより早く、ポーンと飛び込んだ。待つこと数十秒。浮き上がった彼の両手には、まさにウニウニと何百本もの針を動かす、でっかいウニが握られていた。

産地直送、どころか産地直上で食べるウニは塩味がきいていて、うまいんだなこれが。

ウマイウマイと喜ぶと、彼は気を良くし「よし、もう1回行ってやる」と叫び、再び海中に身を投じた。船上は僕ひとりになった。

その時、やつらが現れたのだ。

ワイワイガヤガヤと騒ぐ声が背後で聞こえた。驚いて振り向くと、そこには「いつの間に⁉」という感じで、1隻のボートが我々のボートの後ろにピタリとくっついて止まっているではないか。3～4人の男たちが何か言いながら、こちらのボートに乗り込もうと向かって来るのが見えた。しかもやつらは、「4の字固め」で有名な、あのデストロイヤーのごときスキーマスクをかぶっているのだ。

「か、海賊だ！　殺される」

と僕は思った。船上は僕ひとり、ガイド氏はいまだ海底でウニ探しに夢中なのである。

デストロイヤー男たちが、ゾロゾロと船上に乗り込んできた。

「ああ、オレは人知れずフィリピンの海上で死ぬのか。父さん母さん、生ウニおいしゅうございました」

などと、マラソンの円谷選手の遺書のような辞世の句をつぶやいてしまった。

デストロイヤー男たちに周りを囲まれた。

「ヒ〜！　ドボジデ〜」

すると、賊のひとりがグッと顔を寄せて言った。

「コレ、買ウネ？」

「へ？」

男たちは手に持ったカゴを突き出し、口々に同じことを言った。

「安イネ。アナタ、コレ買ウネ」

彼らのカゴの中は、どんなに買うものがなくてもこんなものに金を出したかねーなという、レアなおみやげ品の数々でいっぱいだった。巨大なホラ貝、貝殻を集めて作った「鍋敷き」……。

なんとデストロイヤーたちは「ボートに乗った移動おみやげ売り」だったのだ。

インドのガンジス川でも、やはりボートに乗って近づいてくる花売り少女に会ったことはあるが、あれはまだロマンチックなところがあった。同じ水上移動式おみやげ売りとはいえ、こちらはいきなり船をジャックしてしまう男たちなのである。これにはマイッタ。しかもデストロイヤーだもんなあ。コワイよホント。

結局、ウニを持った現地ガイド氏に追い払われ、デストロイヤー軍団は意外にすんなりと帰って行った。ガイド氏の話によると、いつも彼らはガイドの一瞬のスキをついてボートに上がり込んでくるという。売り物はもちろん割高。買って得はしない。

問題の覆面については別に威嚇のためでも趣味でもなく、日焼け防止のためらしい。海賊ではなくて、彼らは「海の押し売り」なわけだ。

見た目はギョッとする彼らだけど、おみやげ品を売るために、カモのボートを探して、ひねもす海の上をプカプカ漂っているのかと思うと、なんだかノホホンとしたやつらという気もする。当人たちにしてみれば、けっこうハードな仕事かもしれない。しかし、ミズスマシのような彼らの暮らしに興味がわく。

一生に一度ぐらいなら、僕も彼らの仲間に加わってみたい。

岩崎恭子さんのこと

ライブツアーの楽しみは宿泊先のホテルで観るエロビデオだ。

ノリノリのノリ助状態なコンサートを終え、有料ビデオ3チャンネルの中から、煩悩の限りをエンジョイさせてくれる本日の番組をセレクト。激しいライブで眼精疲労を起こした視界に、ボンヤリと映し出される巨大なオッパイ。アヘアへと、エンドレスで聞こえてくるアエギ声。

宿泊先のホテルで観る有料エッチビデオは、ハードなライブツアーにおける明日の活力の源だ。

その日、ライブを終えたオレは、「本日の有料チャンネル御紹介」をシャワーを浴びるより早く手にした。チャンネル①『釣りバカ日誌』、②『ジャンボ尾崎のホールインワンアプローチ』。そして③『樹《いつき》まりこ 乳乱小町』(!)。ニヤリと不敵に笑い、オレは迷うことなく③のボタンを押した。と、思いもよらぬカウンターパンチ。

「本日のビデオ放送はすべて終わりました」

「バカヤロー!」大島渚のように怒鳴り、オレは思わずリモコンを投げ捨てた。テーブルにぶつかった拍子にボタンが押されたのだろう、パッと画面が変わった。

巨大なオッパイならぬ巨大なプールが映し出されていた。数人のスイマーがすごいスピードで泳いでいる。解説者が一般人のように「ううむ！　行けっ！」などと騒いでいる。トップのスイマーがゴールタッチを決めた瞬間、アナウンサーは絶叫した。

「やりました日本の岩崎、オリンピック史上最年少、14歳の金メダルです！」

その模様をテレビで観ていたすべての人々と同様に、オレはモーレツに感動した。わずか14歳の少女が世界一速く泳いだのだ。タマゲタ。

そして多くの人々が、感動の数分後にハタと我に返って思ったに違いない懺悔《ざんげ》にも似た感情をオレも心の中で言葉にしてつぶやいた。

「14歳の女の子がこんなスゴイことやってるってのに、一体このオレは……」

このオレは、樹まりこの『乳乱小町』を観れなかったぐらいで、ホテルの一室で怒鳴っているのだ。……情けない……トホホ。

岩崎恭子の金メダル獲得は、彼女がわずかに14歳という若過ぎる年齢であったことから、単純にスポ根的感動とは別の、もっと複雑な感情を世界中の人々に抱かせたようだ。

それはオレが思ったように、「この娘に較べて自分って一体……」という、彼女の努力、勝利、涙に対し、我が身の怠惰さを責め立てる怒りだ。

「人間は無限の可能性を秘めている」

「かなわぬ夢も確かに存在するが、それに近づくことは不可能ではないのだ」

日々のチャランポランな生活の中で、そーゆー言葉を忘れたふりして生きている世界中のほとんどの人々にとって、バルセロナの垂直の太陽光を受けてギラリと輝く14歳岩崎の金メダルは、あまりにも重く目に映ってしまうのだ。

岩崎は受賞インタビューで「生きてきた中で一番うれしい」と言った。

生きていく中で、至福の時、人生の頂点に出会うのは、いったい何歳がベストなのだろうか。ハッキリとこれがベストだと思えるシーンがあったほうがいいのだろうか。それとも死ぬ直前に「トータルしてみれば自分の人生はベストだった」と思える生き方のほうが良いのだろうか。

「14歳で人生の頂点は早過ぎる。これからが大変だ」と思ったオレは、やっぱり岩崎さんをやっかんでるだけなのかな？

バーリ・トゥードはまさに〝何でもアリ〟⁉

「週刊プロレス」「東京スポーツ」「格闘技通信」。俺の愛読紙誌である。脳が弱そうである。これに「週刊ファイト」「週刊ゴング」「日刊スポーツ」のバトル面がたまに加わるのだ。完璧に俺の脳は弱い。俺がこの手の新聞、雑誌を愛してやまないのは、常に意表を突くとてつもない話題を提供してくれるからだ。それはたとえばこうだ。

覆面レスラー、宇宙パワーX（この名がすでに意表を突いている）の挑戦を受けて、高野俊二[*1]は言った。

「やつを釘板デスマッチで串刺しにしてやるぜ！」

ここまではいい。力道山も納得の、実にプロレス的殺し文句である。しかしこのあと、高野はこんなことを言う。

「昆虫の串刺しがあるんだ。宇宙の串刺しがあったっていいだろう？」

高野はホーキング博士なのか⁉　物理学の常識をはるかに超えた高野の発想に俺は意表を突かれ、体が震えた。

またこんな記事もあった。ストリートファイト・デスマッチによる完全決着を要求したターザン後藤に対し、阿修羅原はにべもなく言った。

「そんなもん、ただジーパンはいてケンカをやるだけのことだろう?」

ここまではいい。敵の挑戦を鼻で笑う、舌戦の王道である。だがこのあと、原はこんなことを言う。

「そんなケンカはなぁ、リングの上じゃねぇ、銀座のスナックでやるもんだぁっ!!」

なぜ銀座?

読者よ、君は銀座のスナックでジーパンはいたレスラーがデスマッチしている光景を見たことがあるか? 俺はない。一度もない。途方もない原の言葉に、俺は再び意表を突かれ、心震えた。なぜ銀座でジーパン? ああ松田優作。なんじゃこりゃ。

俺が最近、最も意表を突かれたのは、「格闘技通信」に掲載されていたアルティメット大会についての記事である。

正式名称を「ジ・アルティメット・ファイティング・チャンピオンシップ」というこの大会は、素手による顔面パンチはおろか、なんと金的攻撃までがOKというバーリ・トゥード(何でもあり)ルールで行われる壮絶な格闘技オリンピックなのである。一昨年の第1回大会では、日本ではまったく無名のブラジル人、グレイシー柔術四段の猛者ホイス・グレイシーが優勝をかっさらい、人々をアッと言わせた。まさに意表を突いたのだ。

今回行われる第2回大会には、ホイスを筆頭に空手道大道塾の市原海樹など総勢16名が文字通りの死闘を繰り広げることになっている。「格闘技通信」3月23日号には、その出場者一覧表が載っている。空手、キック、テコンドー、さまざまな格闘技を修めた強者たち、いずれ劣らぬファイターであろう。表を見ているだけで少年の血が騒ぐ、心が燃える、男の世界だ。う〜んマンダムだ。

と、興奮していた俺は、一覧表の中に不可思議な文字を発見し、声をなくした。出場者のひとりジェイソン・デルシアの格闘技キャリアに「ファイブ・アニマル・カン・フー」とあるのだ。そりゃアレだ。猿拳とか蛇拳とか、ジャッキー・チェンの映画でよく見るアレのことではないのか？　アレで闘うというのかこの男？　本気か？

いやしかし、もしや猿拳や蛇拳は実戦格闘技なのかもしれん。闘ってみねばわからぬからな……と、さらにモノスゴイ出場者を発見してしまった。スコット・モリスなる男の修めた格闘技が、驚くべきことに「忍術」と記されているではないか。

に、にんじゅつううっ⁉

意表を突かれた。よもや格闘技の大会に忍者が出場しようとは！

まるで江戸川乱歩の小説のように、日常と非日常の境界が曖昧な闘う男たちの空間。面白い。やめられん。

それにしてもスコットの正体は一体？　……ハットリ君……いやまさか。

＊1　高野俊二＝その後「高野拳磁」と改名。映画に詳しいレスラー。

うさん臭い魅力満点のアルティメット

第3回アルティメット大会[*1]は大いに荒れた。

なんと、ホイス・グレイシーが、ギミックバリバリのケンカ屋、その名もキモ[*2]に苦戦。勝ったはいいが2回戦を棄権。パンクラスのシャムロックまでが「もうファミリーの前で顔面パンチをするのはイヤだ」と言い出し試合放棄。結局優勝は、補欠出場のジェナムがかっさらっていった。なんちゅードタバタ。

ほとんど初期FMWでただ一度だけ開催された「異種格闘技トーナメント[*3]」のノリだ。アルティメットをあれだけ持ち上げていたマスコミでさえ、「ちょっとなあ……」といった書き方に変わりつつある。

しかし、うさん臭いもの好きの僕としては、ますます興味がわいてきた。これでいいのだと思う。次から次へと現れる謎の格闘家たち、詠春拳[*4]、五獣拳、ホワイトタイガーカンフー、ペンチャック・シラット[*5]、タンスードー、少林寺流空手、松村拳法、アメリカン忍術……出てくる出てくる。ホンマにあるんかそんなん？　と思わず突っ込みたくなる「まだ見ぬ格闘技」の数々。

何より第3回優勝者にしてからが「戸隠流忍術家」でしかも「おまわりさん」なのだ。白土三平もビックリ。無敵の柔術家を「キリストの言葉を伝えるために」出場した素人キモが追い込むマンガチックな展開も最高だった。

プロレス本来の持つ「うさん臭さ」の魅力が第3回アルティメットにはあった。

＊1　アルティメット大会＝目突き、噛みつき以外なんでもOKという、とてつもないルールで行われる格闘技の大会。

＊2　キモ＝この名は日本語の「肝」からきている。ちなみに、一時期キモにひっついていたマネージャーは「ジョー・サン」といって、これは「ジョーさん」の意。あまり日本を知らぬようだ。

＊3　異種格闘技トーナメント＝プロレス、テコンドー、キックボクシング、サンボなど、ありとあらゆる格闘家が出場。全員が全員、ちょっとインチキっぽかった。

＊4　詠春拳＝ブルース・リーが少年時代に修行していた中国拳法。

＊5　ペンチャック・シラット＝「ブンチャ・シラ」とも呼ばれるインドネシアの格闘技。

世界はライダー怪人化――松永選手のバアイ

映画『プレデター』に登場するエイリアンのモデルは、なんと日本のライダー怪人なのだそうだ。仮面ライダーなどの日本製ヒーロー番組を観て育った外国人デザイナーが、影響そのままにデザインしたらしい。

幼児期の衝撃は、人間を一生支配するというわけか。

そういえば、X-JAPANを代表とするド派手ビジュアル系ミュージシャンの写真を試しにズラリと並べてみると、『ライダー怪人図鑑』と、驚くほど雰囲気が似ていることに気づく。彼らも無意

写真提供／ベースボール・マガジン社

識のうちに、幼児期の衝撃を化粧やコスチュームによって具現化しているのかもしれない。

現在、大日本プロレス[*1]を主戦場としているレスラー、〝ミスターデンジャー〟こと松永光弘も、幼児期のヒーロー番組による衝撃を引きずっている男であろう。

金髪五分刈り、手にはサーベル、「花の応援団」のような長ラン（ガウンなのかあれは?）、そしておなじみ、故・岸田森もびっくりの牙《きば》。ありゃどう見たって、レスラーというよりゲルショッカーかデストロンあたりの首領である。

後楽園ホールバルコニーからのダイビング攻撃も、なにやら特撮を思い起こさせるではないか。松永はライダー怪人そっくりだ。

今や、日本製ヒーロー番組は、我が国のみならず、世界の共通幼児体験となりつつある。自らをライダー怪人化しようという松永の試みは、その点、実に的を射ている。

さらに彼が怪人化していくなら、ＷＷＦ[*2]のトップも夢ではないかもしれない。

ぜひ、今度は目から光線を発射してほしいものだ（口からミサイルとかな）。

＊1　大日本プロレス＝時にゴルゴ13やダース・ベイダーのコスプレで登場するレスラー＆社長、グレート小鹿率いる自主興行プロレス団体。

＊2　ＷＷＦ＝アメリカ最大手のプロレス団体。

格闘技と〝オッパイぽろり〟の迷宮

アニメ『外道学園』の完成を記念した「外道レディース・オーディション」は、アニメのセクシー・シーンに合わせてギャルたちがあえぎまくるウハウハ企画であったという。「東京スポーツ」の記事によれば、優勝したのは明日香ゆみクン（23）。「『あ、もっと突いて』と挑発的なセリフで度胆を抜いた」とある。

しかし、筆者は、この後に起こった出来事のほうに、文字どおり度胆を抜かれた。記事によれば、表彰式の最中にプロレスラーの邪道・外道コンビが、「オレたちのアイデアを盗んだ」と怒り狂って乱入。あろうことか、ゆみクンの服をビリビリに破き、素っ裸にしてしまったというのだ。

一体、これはなんだ？

なぜ、レスラーが乱入したのか？

なぜ、ゆみクンの服を破るのか？

「おれたちのアイデア」とはなんなのか？

レスラーである二人が、お色気コンテストを企画したというのか？　なぜ？

それを誰が、なんの意図で盗む必要があったのか？

なぜ⁉　なぜ⁉　なぜ⁉

まるで禅問答のごとく不可解。ルー・テーズ[*1]に伝えたなら「プロレスも変わった」と遠い目をすること必至であろう。なんなんだ。

ちなみに不意な襲撃を受けたゆみクン、おびえつつも「オッパイぽろんのまま笑顔でポーズをとっていた」とのこと。

——ああ力道山先生。

＊1　ルー・テーズ＝力道山時代に活躍したプロレスの神様。セッド・ジニアス（哀しき天才）なる日本人レスラーは、ルーに金をだまし取られたと言って、今も怒っている。

求む！　幻のビデオ

某雑誌の企画で「私は見た！　大山倍達《ますたつ》[*1]の異種格闘技戦」と題し、ブルース・リーの創始した格闘技ジークンドーのフルインストラクター、中村頼永の談話が紹介されている。といっても、「私は見た！」の「私」は中村さんではなく、彼が以前指導したことのある「グレイシー柔術の中級者」なる人物。つまり伝え聞きである。

柔術家が中村さんに語った話を要約すると、「40年くらい前」「中学生の頃」「テレビか何かで、大山総裁が空手着でリングに上がり」ヘビー級の外国人ボクサーと闘う姿を見た！　のだそうな。

おーっ！　ゴッドハンド海外異種格闘技戦目撃者の登場だ。「空手バカ一代直撃世代」の僕としてはフンヌー！　と鼻息も荒く読んだ。柔術家の話では、軽いフットワークでリング上を回るボクサーに業を煮やした総裁が飛び込むや否や相手のボディになんと貫手[*2]を一撃。ボクサーたまらず失神KO。秒殺であったようだ。貫手か！

40年も昔とはいえ、どこかに記録映像が保管されていないだろうか？　もし、あるなら見たい！　そしてモーレツに欲しい。

格闘技観戦マニアの僕の部屋には、各種の武道、格闘技ビデオが山と積まれている。最初はK-1など、メジャーなものをコツコツ集めていたのだが、オタク型人間のせいか、興味はよりズンズンとディープな方向に進み、通販でしか売っていない実戦合気道の大会記録や、蛇拳VS少林拳の散打[*3]試合など、あまり世に出る機会のない映像を集め始めている。

たいがいはホームビデオを用いた手作り映像なので、八卦掌[*4]を熱く独演する武術家の姿に、近所のオバチャンのおしゃべりがSE状にかぶさっていたりして素敵だ。背後にドーンと「卓球台」が見られていたりして、さらにそこはかとないムードが満点だ。「カルト格闘ビデオ」コレクションに、大山倍達VSボクサーも加えたい。

他にも手にいれたい映像がある。

例えば、なぎら健壱さんが「見た！」という『１００人と闘う男』である。フォークシンガーのなぎら健壱さんは子供の頃、「ひとりの空手家がボクサー20人、柔道家20人、そして街のチンピラ20人と荒野で闘うテレビを俺は見た！」というのだ。

計算すると１００人に満たないところがはなはだ疑問であるが、とにかく「見た！」と彼は言う。

「それがとにかく強い。つかんではちぎりとはあのことだね」とのこと。無敵に強い空手家の名を問えば、これが驚くべきと言うべきか、やはりと言うべきか。

「大山倍達だったんだよ」

「本当ですかー？　なぎらさん」

「本当。俺、生前の総裁にお会いしたことがあるんだよ、その時、『100人と闘う男』の話を切り出したんだよ」

　すると総裁が、「君ィー、若気のいたりだよー」と笑って、やんわりとさえぎったそうな。本当かなぁ？

　もし真実なら見たいぞ、『100人と闘う男』。読者のみなさん情報求む。

　実際に放映されたことはたしかだが、手に入らない映像としては、「日本拳法[*5]の方が10人と一斉に闘い、全員をKO」「サンボ[*6]のビクトル古賀が柔道家に襲われ、これを返り討ち」などがある。誰か持ってませんか？

「カルト」を超え、「なんだこりゃ？」の領域に達しちゃっている格闘映像も探索中だ。

　例えばこの世には、信じられぬことだが、「ピアノと闘う空手家」が存在する。百歩譲ってピアニストと闘うならまだ分からんでもなくもない。しかしこの空手家、ピアノと闘うのだ。何故だ？

　子供の頃に見たので曖昧な記憶なのだが、たしかチャレンジもののバラエティ番組で見た。登場した空手家の名も流派[*7]も分からない。

　とにかくこの男、アップライトのピアノを粉砕できるかという、苛酷かつ全く意図不明の異種格闘技戦に挑戦、見事……と言っていいのかどうか分からんが、十数分かけてピアノをこっぱみじんに砕いたのだ。書いたらますます意図不明だね、こりゃ。あれ誰か録画してないかなぁ。

「空手家VS家」[*8]というのも子供の頃に見たことがある。空手はいろんなもんと闘うなぁ。

さて、この究極をはるかに超越してもはや「迷宮の」と冠したくなる異種格闘戦。やはり、テレビ番組で、空手家数十名が「キェエー！」「チェストー！」と叫びながら、家1軒壊しちゃうという、建造物解体業者もビックリの壮絶かつ、対ピアノ戦同様まるで意味ね〜ドキュメントであった。屋根の上で形相すさまじく、瓦1枚1枚に頭突きを入れていた空手家の姿が今でも目に浮かぶ。

「そうか、空手の瓦割りってこういう時に役立つんだ！」と、テレビを見ながら感心した幼き日の僕に「人は素手で家を壊そうとは思わん」と、気付く余裕はまだなかったのであった。誰か録画してませんか？「空手家VS家」。

最近、以前から欲しいと熱望していたテレビ番組のビデオを入手した。『スーパータイガーVS少林拳 嵐の激突！』である。

タイトルもすごいが、内容はもっとすごい、すご〜い。旧UWF[*9]在籍時のスーパータイガーこと佐山聡《さとる》が山崎一夫と共に、香港、中国に渡り、そこでさまざまな中国武術の達人と闘いを繰り広げちゃうのである。

スーパータイガーに対するのは、ムエタイを使う功夫《クンフー》（⁉）、槍使い、さらには三節棍の名手などなど。すごい、すご〜い。んぁ〜。

もちろんのこと佐山さんは彼らをバッタ、バッタとなぎ倒す。

「すごいですねー、佐山さん」先日、佐山さんにお会いし「VS少林拳」のことを尋ねると、「すいません、すいません、あれは捨ててくださ〜い」と、おっしゃるではないか。なんでも「いや、あんまりヒドイんで、途中でやめちゃおうと思ったんですけど、スタッフのことを思うと申し訳なくてねぇ……」

シューティング[*10]を一代でここまで大きくさせた佐山さんらしい、人柄にあふれたコメントであった。

実はこの企画、当初は世界中を巡り、各国の格闘家と闘う予定だったそうな。

「えっ、するとブラジル編もあり得たわけですか？ 佐山さん」

「えっ？」

「もし最初がブラジル編で、アクション映画の指導もやっているホリオン[*11]のツテで、グレイシー柔術の道場を訪問していたら……その後のシューティング……いや日本格闘界[*12]の流れが大きく変わっていたかもしれませんね」

「うーん、何とも言えないですね」と、さりげなく佐山さんは話をそらした。しかしこの時、彼の目が一瞬ギラリと虎の目に光ったように、僕には見えた。

＊1　大山倍達＝極真カラテの創始者。マンガ『空手バカ一代』主人公。
＊2　貫手＝立てた指で相手の体を突く空手技。とても危ない技である。
＊3　散打＝中国拳法では試合のことを散打、散手と呼ぶことがある。

＊4　八卦掌＝形意拳、太極拳と並ぶ、代表的な中国拳法。
＊5　日本拳法の方が〜＝じつは事前に殺陣《たて》をつけていた、との情報もあるが……。
＊6　サンボ＝旧ソ連の代表的格闘技。
＊7　流派＝僕が見た人とは別人だが、士道館の空手家の方もピアノと戦っている。
＊8　空手家VS家＝「プロレスラーVS家」というのもあった。なんだかなー。
＊9　ＵＷＦ＝新日本プロレスを離脱した前田日明、佐山聡らによるプロレス団体。
＊10　シューティング＝「修斗」打・投・極を中心とした総合格闘技。プロレスラーをやめた佐山氏が技術体系の元を創り上げた。佐山氏はその後「初代タイガーマスク」としてプロレス復帰している。
＊11　ホリオン＝ホリオン・グレイシー。グレイシー柔術家、俳優。ホイス・グレイシーの兄。メル・ギブスンの『リーサル・ウェポン』シリーズなどにチラリと出演している。
＊12　日本格闘界の流れが〜＝何人もの日本人格闘家がグレイシー柔術家に敗れている。その中には佐山氏の弟子が何人もいる。

即席レスラー、レンタルします

プロレスに関する「なんだかな〜」な話を書くが、けっしてレスラーを見下しているわけではない。

かつて馬場さんが「シューティング？　それを含めたものがプロレスというんだよ」と実に見事な名言をおっしゃったが、「何だかな〜、も含めたプロレス」の話として読んでほしい。

たまに「一体どっから連れてきたんだこの人」といいたくなるような、プロレスラーと呼ぶにはウ〜ンと思える人がリングに上がっている。インディー団体には特に多い。

先日、ファンの女の子から1通の手紙を貰った。

「私のお父さんのスナックには、[*1]シンさんや[*2]シークさんがよく来ます」

んあ〜、シンさんシークさん？

きんさんぎんさんもビックリだ。すごいすごーい、と思って読んだら、なおすごかった。

「お父さんはプロレスラー関係の知り合いが多く、体の大きいお客さんが来ると、お店でトレーニングさせてプロレスラーにしています」

しています!?　インディー団体「なんだかな〜レスラー」の虎の穴はなんとスナック。そして彼らの正体は、なんたることか「体の大きなお客さん」だったのである。うーん……。

インディー系でしか興奮しなくなってしまった、すれっからしタイプのファンには「まー、そんなこともあるだろう」的情報かもしれない。

しかし、これがメジャー団体にもあるときた日にはキミはどうする?

知人にYさんというミュージシャンがいる。彼が数回、「プロレスをやったことがある」というのだ。

パンプアップされた体をしているが本業は音楽家である。きっと学生プロレスか、小規模なインディー団体だろうと思って対戦相手をたずねると、返ってきたのは二大メジャー団体の片方の、いまやバリバリ活躍中の選手ふたりの名。ええっ?　本当?

「うん、92年頃にね、学園祭のイベントでそこの団体からリング貸してもらったの。そしたらオマケで選手も貸してくれちゃってさ、○クンと×クンを」

くれちゃっていいのか!?　そんなもんを!?　ヒョコヒョコ行っちゃった○クン×クンもなんだかな。

「んで、その頃デビューしてたバンドのドラマーが体が大きかったんでさ、連れてきてさ、やったの。『プロレスVSミュージシャン』のタッグマッチって銘打って、最後は[*3]ドラゴンスープレックスで負けちゃった」

ミュージシャン相手にドラゴンをかける×クンもすごい。

エキジビションかと思えば「いや、ちゃんと試合だったよ、流血もしたし」とのこと。

Yさんはその後、いまはなき「ユニバーサル・プロレス」[*4]でも数戦、「呼ばれたからやったよ」だそうだ。

「うーん、俺、普通の人よりは体大きいからね」

どうやら即席レスラーになる第一条件は「カラダの大きいこと」のようだ。

なるほど、ラジャ・ライオン[*5]。

＊1　シンさん＝プロレスラーのタイガー・ジェット・シン。インドの虎！　大概は後楽園ホールでシンの振り回すサーベルで殴られそうになったことがある。
＊2　シークさん＝ザ・シーク。史上最悪最老のプロレスラー。甥っこのサブゥーはとってもいいレスラーだ。
＊3　ドラゴンスープレックス＝相手をはがいじめにしたまま後方にブン投げる。別名「飛竜原爆固め」！　大ゲサである。
＊4　ユニバーサル・プロレス＝短命に終わったプロレス団体。メキシカン・プロレス（ルチャ・リブレ）が売りものだった。
＊5　ラジャ・ライオン＝身長2メートルの巨人空手家。ジャイアント馬場がただ一度行った異種格闘技戦の相手。「馬場さんが殺される！」——ファンの悲鳴のなか、ラジャはキックを放つと同

時にすっころび、足をひねって後はヨレヨレ、馬場さんの「目にもとまらぬ」関節技で秒殺された。

しかし、話の「オチ」に注釈が必要とは、まことに厳しい……。

レスラーの死はすべての言葉を奪い去る

プロレスが好きだ。ファンになってもう15年近くたつ。「週刊プロレス」「週刊ゴング」他、専門誌のほとんどを欠かさず読んでいる。選手、団体を問わず好きなので、多い時は月に4〜5回は会場に足を運ぶ。

成人したプロレスファンのほとんどすべてがそうであるように、勝敗の行方や選手たちの技術よりも、レスラーたちの俗世間と大きくかけ離れたキャラクターの妙や、試合の背後に見えかくれする団体フロント陣の経営方針を裏読みしては、「それはちょっとな」とか「ヒネリってもんが効いてねーんだよなー」などと茶々を入れて楽しむことが多い。

例えばアントニオ猪木が過去の対戦相手レフトフック・デイトン[*1]について問われ、「アイツはいくら首を絞めても効かねーんですが、あれはひそかに脳内麻薬物質ベーターエンドルフィンを分泌させる特訓を積んでる男だったんですね〜」などと「いくらなんでもそりゃなかろう」的発言をしたと聞けば、成人したプロレスファンたちは猪木のエンドルフィン発言をサカナに爆笑の連続でひと晩じゅう盛り上がることができる。

「ブラジルにもベーターエンドルフィンを自在にあやつる男がいまして、人にキ○タマをガンガン蹴らせて平気でいるんですね〜」

猪木がさらにトンデモ発言を続けようものなら、ふた晩は盛り上がる。「バカだな〜猪木」と言ってゲラゲラと笑い合う。

しかし、では成人したプロレスファンが、レスラーやプロレス自体を見下しているのかと言えば、まったくそれは違う。まったく逆、なのだ。

ヘタをすれば死ぬこともありうる仕事にたずさわるレスラーの行動力と精神力、つまりは彼らの生き方を、成人したプロレスファンたちは、実は心から尊敬している。

ただ、少年なら素直に「感動した！」と言えるものを、大人は一度、笑いやオチョクリに転化してからでないと、プロレスの与えてくれる感動を語り合うことができないのだ。

だって、強さや情熱への憧れを語り合うなんてことは、大人には照れ臭いからね。

だから、プロレスラーの死は、成人したプロレスファンから言葉を奪う。強さ、情熱への尊敬は笑いに昇華できる我々も、死は、さすがにオチョクレない。口数少なく「死んじゃったね」「ああ、驚いたね」「うん」と、いつもの雄弁が嘘のように、ただうなずき合った後、僕たちは黙り込んでしまう。

酒好きで、練習ぎらいで、得意技はカーフ・ブランディングとブレーン・バスター……典型的なアメリカン・レスラーが、つい先日、40代半ばで突然亡《な》くなった時も、僕たちは言葉を失くして黙り込んでしまった。

「死んじゃったね、ディック・マードック」

「ああ、驚いたよ」

「うん」

ブルーザー・ブロディ、アンドレ・ザ・ジャイアント、アドリアン・アドニス、大熊元司……。何人ものレスラーが、死によってそのたびに僕たちから言葉を奪った。僕たちが、自分たちに欠けていると感じている、強さと情熱の具体的存在であるプロレスラーが、死んでしまっては困る。仕方がないこととはいえ、そのたびに、僕たちは途方に暮れる。

マードックの亡くなった日、街で、「週刊プロレス」を小脇にかかえた男とすれちがった。彼のTシャツにはデカデカと「マードック・イズ・フォーエバー!!」と記されていた。明らかにマジックペンで手書きをしたとわかる、下手クソなカタカナの文字であった。少年ではない、20代後半くらいの、成人したプロレスファンだ。

不覚にも泣きそうになった。レスラーの死に、言葉を奪われた僕たちのひとりが、それでも懸命に哀しみと憤りと尊敬の気持ちを伝えようと試みた手段は、少年ファンよりガキっぽくてなんのヒネリも効いてはいなかった。

バッカだな〜、と思ったら泣けてきたのだ。

＊1　レフトフック・デイトン＝空手家。試合前に、手錠ちぎり、首吊りしても大丈夫、等の大道芸人風パフォーマンスをかました割には、けっこう強かった。

超常現象はどこか人間臭い

『怪談の科学』中村希明著（講談社ブルーバックス）という本を読んで以来、いわゆる「超常現象」を合理主義の観点から考えるという、ちょっとヒネクレタ頭の遊戯に今、夢中になっている。これが面白くってたまらんものがあるのだ。

例えば臨死体験。死の淵から奇跡的に生還した人々が必ずといっていいほど語る「死後世界」について、多くの人々が形而上世界との出会いというロマンチックな空想をかきたてられるのに対し、合理主義者たちは、それは肉体が生から死へ至る際の、脳の器質変化による幻覚に他ならぬと冷たく言い放つのだ。幽霊も合理主義者たちにかかっては一瞬にして枯れ尾花と化すというわけだ。

――あるところに何人もの人を亡きものにした悪魔の車があった。

その車を運転する者は、ドライブ中霧に包まれ、真っ白な霧の中で人をひき殺してしまうのだ。ところがドライバーには、人をひいたという覚えがまるで無い。霧が晴れた後、目的地で彼が一服しているところへ警官が現れ、彼は身に覚えのないひき逃げの罪で捕えられてしまうのだ。

常識的な教育を受けた人であっても、この事件の原因を「生きる者を呪う亡者の執念」と結びつけて考えない人はいないだろう。

しかし、合理主義者たちはそんなこと信じない。

合理的にすべて解釈がつくのだと主張するのだ。ドライブ中の霧は、人間が外からの刺激が低下した時におこる感覚遮断性幻覚に陥った状態だというのだ。忘我の状態を霧と認識しているだけに過ぎず、その中で起きた事故も、幻覚の最中ゆえ記憶にないというわけだ。では、同一車が何人もの人をひいたことについてはどう解釈するのか？　だがこれも、この車が高級車であることから考えて、外からの刺激を受けにくい、つまり感覚遮断性幻覚に陥りやすい構造に出来ていたからなのだと、多少苦しいが彼らはこのように断言してくれる。

ロマンチシズムを排除した、まるで『ゴルゴ13』のようにストイックな合理主義者たちの超常現象への挑み方。ボクはそこにハードボイルドを感じる。かっこよいと思う。

また、超常現象を合理主義的観点から見ていくと、逆に、現象の裏のひどく人間的な部分が見えてくることもある。

ひとりのコンタクティー（異星人と交信できると主張する人）がいる。彼は自分と交信する異星の文化について詳しく人々に語り、自分が撮影した何百枚もの空飛ぶ円盤写真を公開している。しかしその写真は、まるでヤマギワの照明をつり糸で浮かせて撮ったようなチンケなシロモノで、実際コンピューター解析によってすべてトリックであることが判明しているのだ。

とんだペテン師かと言えば、不思議なことに、彼は自分のＵＦＯ体験でひと儲けしようとか、名を売ろうとか、そういう邪《よこしま》な考えがあるわけでもないのだ。彼はトリック写真を作りながらも、異星人との交信については、どうやら本当に信じ込んでいるようなのだ。もちろん異星人との精神による交信などありえない。ただ彼が何かを知覚していることだけは確かなようだ。

彼を合理主義で理解しようとすれば、現実逃避願望が強すぎることによって表れた理想郷妄想と、それを信じたいがための虚言症、精神の病ということになるだろう。

彼は幼い頃、ひどいイジメにあい、村の中で孤立した存在であったという。彼は身体障害者でもある。冷たいこの世ではない、どこかにあるはずの理想世界を求めるあまり、異星人との交信という妄想にたどりついたのかもしれない。

超常現象の多くが、彼のケースのように、合理主義で切ることによって逆に人間臭い面を見せる。だから超常世界信者の書いた本よりも、例えば心理学者中村希明氏の著した『怪談の科学』といった本の方が、面白く、しかも人間がそこに読めて僕は好きなのだ。

ＵＦＯ、妖精、そしてパチプロ……

ＵＦＯを物理現象ではなく、現代のフォークロアとしてとらえ、民俗学的に考察しようという動きがある。民間伝承としてのＵＦＯ事件は、妖精伝説との奇妙な類似を見る。

『不思議な乗り物を目撃。『小人たち』にさらわれて異世界を訪れる。数時間後に解放されるが、家に帰ってビックリ。なんと地球では数日も時が過ぎていたではないか……』

試しにこの文章の「小人たち」の部分を、一度目は「宇宙人」、二度目は「妖精」に入れ替えて読んでみてほしい。どちらにしても、それぞれの典型的ストーリーとして成り立つことに、あなたは気付くはずだ。

類似の理由については諸説紛々。代表的な仮説（これは民俗学者ではなくＵＦＯ研究家の説だが）にしてからが、「妖精、宇宙人、と呼び方は変われども実はまったく同じ存在である『何か』が、人類にははかり知れない意図のもとに、我々に干渉し続けているのだ」などと、簡単にいえば、「わからんもんはわからん」といっているような困った状態。

結局、いまだ解けぬミステリーなのだ。

ところで最近、俺は妖精伝説以上に、ＵＦＯ事件との類似を見るものがあることに気づいた。

それは〝パチプロ〟つまりパチンコのプロなのだ。正確にはUFO目撃者の体験談とパチプロの語る話とが、とてもよく似ているのだ。

知人に元パチプロがいる。彼は昔、仲間と共同で攻略本を手に入れ、ウハウハの荒稼ぎをしていたという。

ところがある日、いつものように打っていた彼のところへ、「慶応大学の小松」と名乗る男が現れ、そっと耳打ちした。

「攻略本を返しなさい。でないと、ろくな目に遭いませんよ」

そして「小松」はニヤリと笑った。

……CIAや国防省の名を騙ってUFO目撃者の家を訪れ、脅迫したり、証拠を持ち去ったりする怪人物集団を、UFO研究家はメン・イン・ブラック――「MIB」と呼んでいる。

名門大学生を名乗り、やんわりとパチプロ氏に警告を与えた「小松」の行動。MIBに酷似しているとは言えまいか。

また、マークされないために店を転々とすることを、パチプロ用語で「旅打ち」というのだそうだが、旅打ちに出たパチプロの多くが、どういうわけか「みんな富士山のふもとの店に集まってくるんだよなぁ」とパチプロ氏は言うのだ。

「まるで誰かに呼び出されたようにさぁ」

ウ〜ン、不思議だ。

実は宇宙人と交信する人の多くも、「呼び出された」経験を持っているのだ。UFO専門誌によれば、神奈川県のIさんは、宇宙人にテレパシーで山へ呼び出され、そこで「トウモロコシを買え」と無茶苦茶な指令を受けている。

パチプロ氏の体験談は、さらにアブダクティー（宇宙人にさらわれた人々）の証言とも一致する。パチプロ氏が足を洗おうと決めたのは数年前。

「ハッと我に返ったんだよ。『こんなことやってちゃいけない』って。で、久しぶりに家に帰ってカレンダー見て驚いた。オレ、5年もパチプロやってたんだよ。まさかそんなにバカやってたとは……オレ、5年も青春をムダにしちまったんだ……」

これは、UFO事件定番の「失われた時間」ではないのか？　それだけではない。彼は驚くべき事実を語った。

「5年間で思い出せるのは、クルクル回るデジタルだけだぜ……情けねぇよ、オレ」

恐るべし、記憶が消されている！

さらわれていたのかっ！

「バカだったよ。きっと5年間、オレはこの世じゃない、違う世界にいたんだなぁ」

読者よ、冒頭に挙げた文章の「乗り物」の部分を「オモチャ」に、「小人たち」を「悪い友人」に入れ替えて読み直してほしい。パチプロ残酷物語の典型例としても、十分に成り立つことに驚かされるであろう。

ＵＦＯと妖精とパチプロ。

類似の理由を解明できるのは、やはり民俗学者だけなのであろうか？　柳田国男なら、たちどころに説明……せんか、アホらしくて。

ああ木曜スペシャル。矢追さん。

性的抑圧と超常現象

「いいセックスをしていない女性は、宇宙人にさらわれる可能性がある」

などと言ったら、貴女は果たしてどう思われるだろうか？　えっ、何バカなこと言ってんだって？　いやいや、これが何とも、丸っきりなバカ話とも言いきれないんですよ。

「宇宙人にさらわれた！」と主張する人々が世界中に何人もいる。このような事件をユーフォロジー（UFO学）ではアブダクション（誘拐事件）と呼び、彼らのことをアブダクティー（誘拐された人々）と呼んでいる。アブダクティーたちの証言は驚くほどに似通っている。

ある日、UFOを目撃する。

その直後から数時間の記憶がスッポリとなくなる。

事件後、精神状態が不安定になる。

思いあぐねてUFO研究団体に相談を持ちかけ、催眠術によって記憶を引き出してもらった。そこで初めてアブダクティーは恐るべき出来事を語り出す！

「私はあの時、UFOの中に引きずり込まれ、宇宙人に身体検査をされていたのです！

宇宙人はそのあとで私の記憶を消してしまったのです……」と。

　真実なら恐ろしい話ではあるが、実はこの手の話には、決定的な欠陥があるのだ。「催眠術で記憶を引き出す」などということが本当にできるのかどうか、いまだ証明されていないのである。否定派の中には、「それは記憶ではない。催眠状態の中で自分の深層心理を語ってしまっただけなのだ」と断定する者もある。

　なるほどねー、そうかもしれない。

　しかし、だ。もし仮にそうであったとしたら「宇宙人にさらわれて身体検査をされた」とは、これは一体どのような無意識の現れだというのだろうか？

　アブダクションを研究したジョン・リマーも、アブダクションは実際に起こった出来事ではなく、アブダクティーの「心理的なものに起因する現象」だ、と述べている。

　リマーは、大変面白い統計をとっている。

　さまざまな文献から、女性のアブダクションのみを取り上げ、そこからアブダクションの前後に彼女たちがおかれていた共通の状況を見つけだしたのだ。

　それはなんと、

「満足なセックスをしていない」

という、「おっさんよけーなお世話やで！」と、思わずつっ込みを入れずにはおけない性の部分についてのデータであったのだ。

　リマーは、彼女たちの結婚状態、恋愛状態について調べていくうちに、離婚、死別などの理由で夫や恋人と別れ別れの状況にあった者が多いことに気づいた。つまり女性アブダクションは「何らかの形で、結婚生活や性生活の危機状態にある女性が選ばれているということが一目瞭然」なのだ、とリマーは言う。

このことから、強引ではあるがひとつの仮説が成り立つ。

彼女たちが催眠状態の中で語った「記憶」というのが、実は彼女たちの深層心理の中に眠っていた「欲求不満によるセックス願望」だったのではないか、ということだ。「Hしたい♡」ってやつだね。

宇宙人による「身体検査」とは、ズバリ、セックスを意味しているのではないか？

実際、「身体検査」の途中、宇宙人によって「棒状の異物を腹部に挿入された」などと、「そのまんまやないけ！」というような証言をした女性アブダクティーもいるのだ。「Hしたい♡」という心理が彼女らにアブダクションを語らせるのか？

また、女性アブダクションが「未知の存在にさらわれて肉体をいじりまわされる」という共通点を持つことから、「無意識下に眠るレイプ願望」なのではないか、と考えることもできなくはない。

最近では、UFOの正体はプラズマ[*1]現象だとする説がある。このプラズマ現象、発光する際に電磁波を放射する。その影響で、目撃した人が記憶を失うことがあるという。

女性アブダクティーとは、偶然にプラズマ現象を目撃し、電磁波にやられて記憶を失くした後、催眠術によって自分の心の奥に眠る「セックス願望」、あるいは「被虐願望」を語ってしまった人々なのかもしれない。

「いいセックスをしていない女性は、宇宙人にさらわれる可能性がある」てのはちょっとオーバーだったかな。

正確には「いいセックスをしていない女性は、催眠術をかけられた時に〝私は宇宙人にさらわれた〟などと告白する可能性がある」ということか。

「そんなのこじつけよ！」と怒るなかれ、アブダクションのみならず、女性の性の抑圧と超常現象とは、とても密接な関係にあるものなのだ。

たとえば、「悪魔つき」という怪現象も、実は抑えつけられた性欲が原因ではないかとする説がある。

『エクソシスト』[*2]という映画を御覧になったことがあるだろうか。——ある日突然、純真な心を持つ少女が、「俺は悪魔だ！　この娘の肉体を乗っ取ってやったぞ」といって暴れ出し、下劣極まりない言葉を人々に吐きかける……。

この悪夢のような出来事は、映画の中に限らず現実に起こっている。

16〜17世紀のヨーロッパでは、清純な女性が突如として狂ったように踊り出したり、人々に対してヒワイな言葉を浴びせかけたりといった事件が多発したという。１６９２年には10人の少女が一斉に踊り狂うという「セイレム事件」が発生している。

当時の人々はこの怪現象を悪魔の仕業と考え、「悪魔つき」と呼んだ。だが今日の医学では、宗教的戒律によって抑えつけられていた彼女たちの性欲が、錯乱性のヒステリー発作として爆発したのではないかと解釈されている。

「悪魔つき」の状態にある女性が、「自分はこの女の肉体を乗っ取った邪悪な者である」と語り、淫乱が売りのAV女優でさえ口にするのをはばかるような、モノスゲーエッチな言葉をしゃべりまくったりするのも、「私がどんなにお下劣なことを言ったとしても、それは悪魔が私の口を使ってやってることなんだから仕方ないじゃない、私がエッチなわけじゃないもーん」と、自分の性欲を悪魔のせいにして責任転嫁しようとしているのではないかと考えられる。

「いいセックスをしていない女性は、悪魔にとりつかれる可能性がある」

正確には「〝悪魔にとりつかれた!〟と思い込む、あるいは、周りからそう思われる可能性がある」のだ。

宇宙人にさらわれちゃったり悪魔にとりつかれちゃったり、欲求不満の女の人って大変だ。

もちろん、今回紹介したのもあくまで仮説であって、あるいは本当に、宇宙人や悪魔の引き起こした怪現象と考えることだってできる。

ただし、「なぜ宇宙人や悪魔が、性的に満たされていない女性ばかりをねらうのか?」という謎は残るが（ハッ、もしかして、やつらは……スケベ⁉）。

とにかく女性にとって、いいセックスはかくも必要であるということ……って余計なお世話かオレ、ゴメン。

ところで女性アブダクションにはこんな仮説もある。「彼女たちは、本当はレイプされた」というのだ。レイプのショックで記憶を失った彼女たちは、催眠状態の中で、現実のつらい記憶を、宇宙人によるアブダクションというトッピな架空の記憶とすり替えることによって、精神の安定をはかろうとしているのだ……。

もしそれが真実なら、とても哀しいことだ。

〈参考文献〉

『私は宇宙人にさらわれた』ジョン・リマー著（三交社）

『怪談の科学　PART2』中村希明著（講談社）　ほか

＊1　プラズマ現象＝カミナリによく似た自然現象の一種。

＊2　「エクソシスト」＝ウィリアム・ピーター・ブラッティ原作。リンダ・ブレアー主演で映画化。

UFOと姑！　なんで!?

ふと入った書店の棚に、女性週刊誌のモノスゴイ見出しを見つけた。

「恐怖！　脱衣所のカニ女！」

カニ女……一体どのような出来事が「恐怖」と「脱衣所」と「カニ女」を結び付けたのか？　「部屋とYシャツと私」も裸足で逃げ出すシュールな組み合わせだ。だいたい「カニ女」ってなんだ？　アワでも噴くのか？

などと思いつつページをめくれば……さらにタマゲタ。なんとカニ女の正体は「姑《しゅうとめ》」だったのである。と言っても、放射線を浴びたお姑さんが突如タラバガニ化したなんて話ではない。

このカニ女、いわゆる「鬼姑」なのだ。頑固でわがまま、当然嫁とは犬猿の仲、嫁の一挙一動がとにかく気にくわない。

ある日、嫁が彼女より先に風呂に入った。「キー！　あの馬鹿嫁、許せない！」鬼姑は脱衣所に飛び込むと、両手に持ったハサミで嫁の服をギリギリと切り裂いた。風呂のくもりガラスに映ったその姿はまさに「恐怖！　脱衣所のカニ女！」……というわけである。

記事を読んで僕など大笑いしたのだが、既婚、あるいは結婚を間近に控えた女性に言わせれば、笑い話どころか身につまされる恐怖なのだそうだ。彼女たちにとって、姑、または彼氏の母との折り合いというものは、女性週刊誌のバカ記事さえ笑い飛ばせぬほどに切実な悩みであるらしい。そこで今回のテーマは「ＵＦＯと姑、または彼氏の母」。

「ＵＦＯ」と「姑、彼氏の母」……「脱衣所」と「カニ女」をもしのぐミスマッチである。一見どう考えても結び付くはずのない両者が、しっかり出会ってしまうのだからまったく超常現象というのは面白い。

ＵＦＯアナリスト郡純[*1]の著した『最新異星人遭遇事件百科』（太田出版）の中に、こんな話が載っている。

ＯＬ高岡純子さん（仮名）が、恋人とドライブに行った。その途中、ふたりはＵＦＯに遭遇する。ＵＦＯの輝きはふたりの乗った車を包み込んだ。と同時にふたりは気を失う……気がついた時、時計の針は午前1時を指していた。「そんな馬鹿な！　光に包まれたときは、まだ9時前だったのに⁉」。一体、失われた数時間の間に、若い恋人たちに何が起こったというのだ⁉

純子さんはＵＦＯ研究家のアドバイスで催眠術を受け、それによって「私たちは異星人に拉致されていたのだ！」という驚くべき記憶を取り戻した。

……と、これだけなら典型的なアブダクション・ケース（宇宙人による誘拐事件）である。ところが純子さんの場合、ちょっと変わった告白をしているのだ。

彼女は、「サルのような顔をした醜い女異星人」に、「目の前で、恋人とセックスをしてみろ」と要求されたと証言しているのだ。さらにサル顔女異星人は、なんと純子さんの彼氏に「体位」の指図をしたのだそうだ！（ちなみにどのような体位だったかまでは書いてない）

しかもだ。あろうことかこの彼氏が「ニヤニヤと照れた笑いを浮かべ」つつも、異星人の無茶な指図に応じたというのだ。

こりゃ一体なんなんだ？

催眠術によって告白されたアブダクションが、実は現実に起こった出来事ではなく、被験者が催眠状態の中で自分の深層心理を語っただけなのではないか、という仮説については、前回書いた。だとしてもだ、「サル顔の女異星人に体位を指導され、彼氏がニヤニヤ笑ってそれに応じた」などとは、そりゃまたどのような心理の現れだというのか？

フロイトでも分析不可能なんじゃなかろうかというこの証言を、催眠を施した医者たちはみごとに（強引に？）斬ってみせる。いわく、これには女同士の複雑な問題が深く関わっているのだ……と。

実は、純子さんは彼氏の母親から結婚を反対されていた。そして彼氏はマザコンのお坊ちゃんで、結婚をズルズルと引きのばしながらもセックスだけは欠かさない男だった。彼女はこの事に、歯がゆさと怒りを感じていた。……以上の事実から医師たちはズバリ、サル顔女異星人とは彼氏の母親を現しているのだと分析する。催眠状態の中で純子さんは憎むべき彼女を「サルのような醜い異星人」と表現したというわけだ。

そして、セックスの強制や、それに対し彼氏がニヤけて応じたというのは、彼が自分より母親を信頼しているのでは？　という純子さんの不安感の現れなのである。つまり、催眠状態の中で彼女が語ったのは、結婚を邪魔する「恋人の母親」への憎悪と恐怖をアブダクションになぞった「架空の記憶」なのだと、医師たちは分析したのだ。

ありがちなUFO事件からポロリと飛び出した女の情念！

女性にとって「姑、彼氏の母」という存在は、フンワリとした恋愛の気分を一気に現実に引き戻してしまう、まさに異星人の侵略みたいなものなのだろうか。

この話を結婚まもない女友達に聞かせたところ、彼女はひと言、

「サル顔の異星人？　甘いわよ」

と、吐き捨てるようにつぶやき、そして、

「あたしだったら子泣きジジイ顔のバカ異星人って言ってやるわよ！」

などと言うのであった。

子泣きジジイ顔のバカ異星人⁉

姑は女性なんだから「ジジイ」というたとえは適切ではないんじゃなかろーかと素朴に思うのだが、きっと世の女性たちの、姑、彼氏の母に対する憤りというのは、彼女同様にかなりすさまじいものなのだろう。

よくいわれる事だが、嫁姑問題とは、「愛する者を永遠に自分のものにしておきたい」

という願いが、夫＝息子という同じ対象に向けられたために生じる争いである。

んなもん、くっだらねー。と僕は思う。

「行く川の流れはたえずしてまたもとの水にあらず……」

などと古典の一文を引き合いに出すまでもなく、この世の中に、永遠に自分のものにしておけるものなど何もないのだ。どんなものだって、いつかは老いさらばえ、朽ち果て、なーんにも無くなってしまうのだ。

「そんな事ないわ！　私と彼の愛だけは永遠よ！」

「ンマーなんざんしょ！　親子の情愛だけは永遠ざます！」

と、すかさず突っ込まれた女性たちもおられようが、んな事はない。

恋も情もそして愛も、相手を幸せにしてあげたいと願う心さえも、「永遠のものなど何もない」というこの世の絶対真理の範疇にあるのだ。

その事に気付かず愛するものを永遠にひとり占めしようなどとするから無理が生じるのだ。猜疑心が生まれ、やがて憎しみに至るのだ。

愛は永遠でもひとり占めするものでもなく「今この時、自分の心を照らしてくれるロウソクの灯」くらいに考えて、火の消えぬようおだやかに愛するものと接するなら、むなしい独占欲の争いである女同士の対立なんかも、この世からスッキリ無くなってしまうぜ！と僕は思う。

——ところで、もし彼氏の母にも催眠術を施したなら、一体彼女は純子さんを何と表現するのだろう？　やはりサル顔異星人に対してイヌ顔異星人か？

いや、僕はカニではないかと思う。サル顔VSカニ女、これが本当のサルカニ合戦……なんちて（オヤジなオチでスマン）。

＊1　郡純＝純文学作家の変名で、今も執筆中という説と、UFOを追ううちアフリカ象に踏み殺されたという説がある。いずれにしろ怪しいウワサに満ちた人物。

哀しい愛の結末は……

今、僕は『尼僧ヨアンナ』というポーランドの古い映画に夢中だ。1カット1カットが宝石のように美しい『尼僧ヨアンナ』をジャンルでいうなら、おそらく恋愛ホラー映画ということになるのではないかと思う。といっても、『13日の金曜日』のジェイソンが尼さんと恋におちて過去の悪業を反省するとか、そんなんではない。この映画は、悪魔にとりつかれた美しい修道女と、悪魔ばらいのために尼僧院を訪れた神父との間に芽生えた心の揺らめきを、悲しくやるせなく描いた号泣必至の名画なのだ。

あまりに感動した僕は、1943年に書かれたという原作を求めて書店を駆けずりまわった。が、無い。どこにも無い。しかし読みたい。そしてついに図書館の奥の棚に眠るようにおかれていた現代東欧文学全集の中に探し当てた。

震える指でページをめくれば、『ヨアンナ』の原作者名がドーン！　と鎮座ましましていた。おお、その名もヤロスワフ・イワシキュウィッチ！　実に探しがいのある名前だ。これが例えばイワシ・ポコとかスッポコウィッチだったらガックシきていたところだろう。名作にふさわしい大仰な名に再び感動。ちなみに映画『尼僧ヨアンナ』の監督はイエジイ・カワレロウィッチ。主演はミエチスワフ・ウォイト、あてて、舌かんだ。

原作は映画以上に泣けた。絶望につぐ絶望。ラスト1ページにやっと、針の先ほどの輝きが灯る。それは小さいけれど、人の抱える心の闇を、しっかりと照らすきらめきとなるのだ（泣）……。ひとりで泣いていても仕方ないので、あらすじを書きますね。

時は15世紀、ベラルーシのさいはて、荒涼としたルーディンの地に建てられたウルスラ会女子修道院で恐ろしい出来事が……院長ヨアンナに悪魔がとりついていたのだ。下劣な言葉を吐き、暴れまわるヨアンナを人々は皮肉まじりか「天使のヨアンナ」と呼んだ。不思議なことに、ヨアンナに感化されるかのように、やがて修道院じゅうの尼僧たちが奇妙な踊りをし始めるようになる。

ヨアンナはまた、悪魔ばらいにやってきたガルニェツ神父こそ実は悪魔使いなのだと言い出す。「神父が夜ごと修道院の壁をすりぬけ、私の体をもてあそびにくるのです！」。ガルニェツは宗教裁判にかけられた末、有罪とみなされ火あぶりの刑に処せられてしまう。

再び悪魔ばらいのために神父が修道院を訪れる。実直という言葉が服を着ているような男、スーリンである。彼はヨアンナにとりついた悪魔をはらうために悪戦苦闘する。悩み、落ち込み、無力な自分をせめる。そんなスーリンを、ヨアンナの中の悪魔がののしる。さらに悶絶するスーリン。

ヨアンナはいつも暴れているわけではない。悪魔つき状態になっていない時は敬虔な、そして美しい尼僧である。ある時、素《す》の状態の彼女と神父は、しっかりと手を握り合う。

いつしかふたりの間には、尼僧と神父以上の想いが生まれていたのだ。見つめ合うふたり、とめどもなくヨアンナの瞳から流れる涙。できれば、できることなら熱く抱きしめ愛を語らい合いたいと願うふたり。だがスーリンは言う。「ヨアンナ、そうすることが私にはできないのだ！」——愛する人を腕の中に強く抱きしめたいと切望する激情——つまり「恋」は、当時神につかえる彼らにとっては「悪魔」と同意語だったのである。スーリンは打ちひしがれる。

絶望の中で、彼はヨアンナの中の悪魔をはらう最後の手段を思いつく。スーリンは、何の罪もない男を斧で叩き殺す。ヨアンナの中の悪魔を、自分にとりつかせるためだ。そうしてヨアンナを、もとの美しい女性にもどすためだ。血まみれの神父が、尼僧のひとりに言った……ヨアンナに伝えて下さい。これは彼女のためなのです。忘れずに、伝えて下さい。

『愛によってしたことなのだと言って下さい……』

くーっ！　ええ話やぁ(泣)。無駄に殺された男の立場って一体？　という問題も大いに残るが、悲恋である。悲劇である。涙ナミダの電線音頭である。ボカァー好きだこんな話。

驚くべきことに、この物語は、実話を元に書かれているのだ。福岡星児の解説によれば、1630年にフランスの修道院でおこった実際の出来事であり、ヨアンナのモデルはジャンヌという尼僧で、スーリンにもジャン・ジョゼフ・スュラン、ガルニェツにはウルバン・グランティエ司祭という実在人物のモデルがそれぞれいるのだそうだ。スーリン神父が殺人を犯すラストだけが創作で、修道院の集団悪魔つきも、グランティエ司祭の火あぶりも、人こそ殺さなかったものの、スュラン神父の発狂も、すべて事実だという。

事実は小説より奇なり……だ。

精神病理学や心理学者の本を読むと、中世には、女子修道院における集団悪魔つき事件というのはけっこうよくあることだったらしい。まず誰かひとりが悪魔つきの状態になり、踊り出したり下劣な言葉を口にし出す、すると彼女の毒気に感応したように、ひとり、またひとりと、悪魔つきの状態になり、ついには修道院中の尼僧たちがまるで江戸時代の「ええじゃないか」のように集団で踊り出してしまうのだ。

この異常現象を病理的に解釈すれば、ひと言「ヒステリー」という言葉で一刀両断されてしまうようだ。

厳しい宗教的戒律によって抑圧されていた彼女たちの欲望が、一気に爆発した状態を、サタンの存在を疑わぬ中世の人々は「悪魔つき」と呼んだのだ。尼僧たちが悪魔の名を語ったのも、「悪魔がとりついてるんだから私が何しようとしょうがないじゃない」という無意識の現れだったのではないかと言われている。

ヨアンナ＝ジャンヌが、グランティエ司祭を悪魔使いと呼び、夜ごと自分にいやらしいことをすると訴えたのも、多分彼女が夜ごと見ていたであろう性的な夢の原因を自分の性欲によるものとは認めたくなくて、司祭のせいだと思い込んだためなのだろうが、んなことで火あぶりの刑に処せられてしまった司祭の立場って一体⁉ どう考えても彼の有罪は不条理だ。

仮に、悪魔の存在を認めるにしても、「信心が足りないからとりついたのだ」と尼僧の方を罰する方が普通だと思うんだけど、どうなんだろう。一種のフェミニズムによる判決だったのだろうか？ しかし哀れだグランティエ。

スュラン、ジャンヌの関係はどうだったのだろう？ 小説では、両者の想いが多分に恋愛的なものとして書かれているように僕は読んだが、実際にスュラン（スーリン）神父も、果たしてジャンヌ（ヨアンナ）に、神につかえるものとして禁じられた恋愛感情を抱き、その葛藤の末に狂気にとらわれてしまったのだろうか？

尼僧ジャンヌの怪事件については、イワシキュウィッチの小説、映画の他にも、他作家の書いた小説や、ジャンヌ（ヨアンナ）、スュラン（スーリン）の著書、それに両者の往復書簡までが存在しているものの、和訳されているかどうかもわからず、残念ながら入手する術《すべ》もない。

だからこれは、まったく僕の憶測に過ぎないのだけれど、やっぱりそれは……恋の想いはジャンヌ、スュランの両者にあったのではないかと思う。

ひとりの男を狂気に追いやったものが、宗教的戒律で抑圧されていた尼僧ジャンヌの「性欲」だけだったとは思えない。

性欲より恋愛感情の方が強くてエネルギーがあるからだなんてことは言わないが、性欲も含むジャンヌの欲望が、恋という、必ずしも相手を優しく包むばかりではない複雑な感情と化し、爆発し、小説同様にスュラン神父を地獄に送ったのだ……。

つまり簡単に言えばアレだ。「かわいさあまって憎さ百倍」ってやつだ。

男っ気なしの修道院で育ったジャンヌは、恋した人を地獄に落とすことしか、愛する方法を知らなかったのだ……。

〈参考資料〉

『幻覚の不思議、知りたかった博学知識』博学こだわり倶楽部編（KAWADE夢文庫）

『現代東欧文学全集8』（恒文社）

映画『尼僧ヨアンナ』イエジィ・カワレロウィッチ監督（ヘラルド・エンタープライズ）

ものごとは調べてみなけりゃわからない

バレンタインデーには〝てんかん〟の話をしよう。

などと書けばすかさず「どーゆー組み合わせじゃ！」とつっ込まれそうだ。しかし、ミスマッチながらこのふたつ、しっかり関係があるのだ。

現代国語の教科書に掲載された筒井康隆の小説について、日本てんかん協会から「てんかん差別を助長する」との抗議があり、それをきっかけにして筒井さんが断筆宣言をしてしまうという騒動が93年に起きたが、この時マスコミが差別表現の問題ばかりを取り上げたために「で、そのてんかんって何？」という根本的なことについてはあまり話題に上ることがなかった。

筒井ファンとしては大いに気になるこの問題、つきつめればその原因とも言えるてんかんという病気について、僕は自分なりに（少しだけど）調べてみた。すると、これが興味深い！ビックリするような話が次から次へと登場するではないか。

まず冒頭のバレンタインデーとてんかんの関係だが、バレンタインデーの名の元となった聖ヴァレンティンという人物は、「てんかんの守護聖人」だったのだそうだ。

といってもヴァレンティンという名の聖者は15世紀に3人もいて、いまだにどのヴァレンティンが愛の告白日の由来の人物なのかわかっていないのだが、ともかくその内のひとり、アルザス地方の聖ヴァレンティンは、てんかん病者を治すということで名を上げた人物なのだ。大昔にてんかんは、ズバリ「聖ヴァレンティン病」とも呼ばれていた。

またバレンタインデーだけではなく、てんかんは超常現象とも深く関わっているのだ。大槻義彦教授もビックリだ。

てんかんは脳細胞の突発的な興奮により発作のおこる病気である。興奮の原因が不明の「突発性」と、脳炎や頭部外傷などが原因となる「症候性」があり、発作の分類もさまざまで、いわゆるケイレン型の発作は「強直間代発作」と呼ばれるものなのだそうだ。

僕は強直間代発作をアダルトビデオで見たことがある。ドキュメント形式のAVの中で、「カラミが甘い！」と監督に怒られた女優さんが、その直後に突然気を失い、ガクガクとケイレンを始めたのだ。僕は驚いて、Hな気分などどっかへフッ飛んでしまった。その時の感想を偽らず告白すれば「悪魔がAVギャルに取り憑《っ》いた！」と思った。今にして思えば自分の無知が恥ずかしい。こういう馬鹿な勘違いから差別が生まれるのだ。反省。

しかし、医学の発達していなかった時代に生きた人の多くも、僕同様にてんかんを超常現象と勘違いしていた。てんかん発作は「悪魔つき」と呼ばれ、恐れられていたのだ。聖書には悪霊が取り憑いた人々についての逸話がいくつも載っている。あれも実は、てんかん、または分裂病やヒステリー患者ではなかったのか？とも考えられる。

逆にてんかん患者は神の言葉を伝える「預言者」と勘違いされることも多かったようだ。

側頭葉てんかんの精神発作には、恍惚感を伴うリアルな幻覚を見る症状があるという。中には「私は神の国へ行って、神から神託を授かった」というような幻を見る者もいる。本人はそれを現実の体験としてまったく疑わないから話に真実味があり、それで古代の人々は彼らを「預言者」と呼んだわけだ。神からの啓示を受けたとされ、民衆の心をつかんだ大宗教家の中にも、てんかん病者がいたといわれている。

また無神論者が急に敬虔な信仰者に転じる奇跡を、キリスト教では「回心」と呼んでいるが、この回心さえも、実はてんかん発作が原因ではないかとする説がある。

反キリスト者サウロは、ダマスカスへ行く途中、気を失いバッタリと倒れてしまった。数日後に目覚めた彼は、どういうわけか、本当は自分がキリストを信じていることにハッと気付き、「回心」した。そして後に12人の使徒のひとり、聖者パウロとなるのである。

学者ロンブローソは、「パウロはてんかんだったのではないか」と主張している。「回心」もまた、「側頭葉てんかん発作の恍惚感を伴う幻覚」の一種に過ぎないというわけだ。

そういえば現代でも、「宇宙人」や「霊」に伴われて「別世界を旅してきた」とか「ある日突然この世の全てがわかってしまった。神が私に降りたのだ」などと言って、いきなり霊能力者や新興宗教の教祖様になってしまう人というのがいる。

あるいはそういった人々も、ロンブローソのような学者の目から見れば、パウロ同様にてんかんと解釈されるのかもしれない。

てんかんと超常現象の関係は、なんと臨死体験にまでおよぶ。「死後の世界を見てきた。そこで死んだ母に『まだ来るな、帰れ』と言われた」などと、死線から蘇った人が語る臨死体験。あれもまたてんかんが原因だとする説があるのだ。

死に直面した時、脳が低酸素状態による側頭葉てんかんの発作を起こし、死後の世界や死者との再会という、リアルな幻覚を人に見せるのだと、サボム、クロイッツィガーの両博士は主張している。それは、「側頭葉興奮症候群」と呼ばれる脳の活動で、究極のストレスである「死」から自分を防衛するために起こるのだという。いやはやどうも、それこそ筒井さんの小説のような話ではないか。てんかんは超常現象において、まるでトランプのジョーカーのような役割を果たしているようだ。しかし、それにしても、バレンタインから臨死体験までとび出すとは、ものごとって本当に調べてみないとわからないよなぁ。

ところで聖ヴァレンティンなのだが、彼は自分の名前とてんかんを意味するドイツ語の発音が似ていることに目をつけ、病に自分の名をつけようと企てたのだ。とする説もある。もしそれが事実なら、愛の告白日とはずいぶんイメージの異なる喰わせ者ではないか。

いや……恋の谷間や愛の山場にゃヤマ師まがいのズル賢さも必要だ。それを思えばピッタリな聖者かもね。

PS――文豪ドストエフスキーもてんかんであった。

てんかん発作の前兆における恍惚とした感覚を、ドストエフスキーは『白痴』のムイシキン公爵の言葉を借りて描写している。文学史に残る、かの名作にてんかんの影響があったとは驚きである……読んだことないけど。

〈参考文献〉

『てんかんのQ&A』河合逸雄著（ミネルヴァ書房）
『てんかん治療』渡辺一功著（中央洋書出版部）
『てんかんの歴史1、2』タラムキン著、和田豊治訳（中央洋書出版部）
『臨死体験の不思議』高田明和著（講談社）
『きつねつきの科学』高橋紳吾著（講談社）
『怪談の科学』中村希明著（講談社）

筋肉少女帯とは何か

僕と内田雄一郎が出会ったのは今からもうひと昔も前のことだ。

僕はまだ13歳だった。

小学校最後の春休み、中学時代が始まる前の短いモラトリアム期間。そのある日、家で本を読んでいた。星新一の『白い服の男』だ。星新一のショートショートはスルスルと読めて、軽い読書トリップ感覚に僕は酔っていた。

と、けたたましいサイレンの音。

サイレンは我が家の比較的近くで止まった。本を置き、野次馬となって消防車をさがした。

5分もたたずに現場にたどり着いた。人だかりの奥で炎が舞い、黒煙が空に向かってすごいスピードでのびていた。かなりの大火事である。

「こりゃあ家のやつぁ間違いなく燃え死んどるだろうなぁ」

他人の不幸は我が身の楽しみ、冷血の少年オーケンはニコニコと火事見物をし、小春日和の午後をユカイにすごしたのである。

中学校に入った最初の日、机に黙々とバットマンの絵を描く天然パーマに牛乳ビンの底のような眼鏡をかけた男を僕は見つけた。当時、アメリカンコミックを紹介する「スーパーマン」という雑誌の愛読者だった僕は、彼に「君はアメコミ（アメリカンコミックの略）が好きなのかい？」とたずねた。

話してみると、彼はアメコミに限らず、日本のマンガ、映画、音楽など、かなりの文化系趣味に通じた男、しかもかなりのおたく型であることがわかった。

僕と内田雄一郎は意気投合し、大いに語りあった。すっかり気分もほぐれた頃、何気なく先日見た火事の話をすると、彼の顔がにわかに曇った。

気にせず語り続ける僕。

「いやー本当にスゴかったぜぇ！　あの家の住人は生きてたとしても無一文だろうなあ。ほったて小屋にでも住んでんじゃねーの今ごろさぁ、アッハッハッハ」

内田雄一郎は無言だった。

しばしの間があった。

そして彼は静かにこう言った。

「……あれは……僕の家だよ……」

その後、しばらくの間、僕と内田雄一郎はマンガ家を志し、第二の藤子不二雄を目指して大学ノートに得体のしれない落書きのようなものを描いていたのだが、昭和40～41年生まれのロックミュージシャン（ジュンスカイウォーカーズ、THE BOOM、Xなどかなりの人数になる）なら誰しもが受けただろう、YMOの洗礼を僕らもやはり多感な10代中盤に浴び、やがてロックに傾倒していった。

高校に進学した僕と内田はロックバンドを結成。「ヘンな名前の方がインパクトあるよね」というポリシーに従い、「筋肉少女帯」と名付ける。

あれからもう10年も経ってしまった。

マンガ家志望からいきなりロックバンドに転向してしまった僕のことを「いいかげんなやつだなぁ」と思う人もいるだろう。

だが言い訳をさせてもらうなら、僕のやりたかったことというのは、つまり何とか自分を表現してみたいという少年なら誰でもが思うエネルギーの発散であって、その発露の手段としてはマンガよりもバンドの方が即効性があったのだ。

マンガはとっても時間がかかる。何十時間もかかって描き上げて、読者は自分と内田しかいないのだ。トホホである。

それにくらべ、バンドは楽器を持ってともかくジャジャジャーンとでっかい音を出せば良い。まかりまちがったら女の子が「キャー」なんて言ってくれちゃったりもするのだ。そう思うと、どうしてもマンガよりバンドだ。あの時、表現の手段として選択したことを、今にして良かったと思う。

1988年頃より盛り上がり、90年にピークに達し、そして91年に見事にパタリと終わった「バブル・バンドブーム」。

あれは本当にバブルではあったが、立派なひとつのムーブメントでもあった。学生運動の嵐が終わり、若者がめったに熱くなることがなくなった現代において、20代前半をムーブメントの渦中の人として過ごせた経験を僕はうれしく思うのだ。バンドをやってなかったらあの「一瞬の夏」にいられなかったもんなあ。

しかし今後はわからない。ロックバンドという表現手段が、この先僕が30、40になっても自分にとって1番のものであり続けるのかどうか、現段階では何とも言えない。

エコーズを解散し作家になった辻仁成さん。ARBのボーカリストから役者に転向した石橋凌さん。彼らみたいに、バンド以上に自分を表現しやすい手段がもし見つかってしまったら僕はどうするだろうか。

そんなのはその時になって考えればいいことなのだけど、ついついそんなことを考えてみたりする今日この頃なわけです。

パンタさんのこと

「頭脳警察」というバンドの「ふざけるんじゃねぇよ」を初めて聴いた時の衝撃を、僕は今でも覚えている。

15歳の時、深夜放送でその曲と出会った。

ロックの歴史において、それこそ数限りなく繰り返されてきただろう「体制への反抗」という古くさいテーマを持つこの曲は、しかし、それを表すにはあまりにダイレクトな「ふざけるんじゃねぇよ」というひと言をあえて歌詞に用いることによって、型にはまることを逃れ、ナイフのような危険な輝きを保つことに成功した名曲だ。

しかもセックス・ピストルズが〝パンク〟という言葉を世界に知らしめるより10年も早く作られたパンク・ソングなのだ。

自分をとり巻く体制に「ふざけるんじゃねぇよ」とツバを吐き、「てめえの善人面をいつかぶっとばしてやらぁ」と毒づくこの歌は、まったく当時の僕の気持ちそのままで、聴いていると怒りの衝動じみたものがムラムラと僕の中にも湧き上がり、ひとり夜中に枕をボカボカぶん殴ったりもした。

この曲を作ったパンタという人物に興味を覚え、レンタルレコード屋で彼のアルバムを何枚か借りてきた。その中の「つれなのふりや」という曲に聴き覚えがあった。五木寛之の深夜放送でよくかかっていた曲なのだが、恐ろしいことに僕はこの曲を、てっきり五木寛之自身が唄っているのだとずーっと思いこんでいたのだ。それだけならまだしも、中学の友人に「五木寛之ってのは作家のくせにいい歌を唄うな」なんぞと思いっきり「知ったか」を決めこんでいたのである。カーッ、恥ずかしー。大赤面しながらもパンタを聴き続けた。パンタは聴く程に熱くさせてくれるロックシンガーだった。

それから何年もたって僕はバンドでCDを出す身となり、かつて一ファンとして憧れていたミュージシャンの方々と会ったり、時には共にプレイすることもできるようになった（人生って不思議だよなぁ）。

そしてパンタさんとも知り合うことができた。緊張のあまりロボットみたいになりながら「あ、ども、大槻です」と言うとパンタさんは「知ってるよ、よろしく」と言いながらニコニコと微笑むではないか。しかし僕の中でのパンタ像はやはり「ふざけるんじゃねぇよ」の人である。調子に乗って握手でも求めようものならそれこそ「ふざけるんじゃねぇよ」と言ってぶん殴られるんじゃなかろうか？　そんなことを思い、オドオドしている僕を見て、彼は再び「よろしく！」と言って笑った。

過激な歌とは裏腹に、パンタさんは20年（！）近くも後輩のボクなどにもフランクに接してくれる気さくで優しい人であった。

筋肉少女帯の10周年記念イベントに出演を依頼すると彼は快く引き受けてくれた。打ち合わせの席でパンタさんは「筋少のお客は若いから、〽わったっしはかっわいいあっらいぐーま、パンタちゃんですよー！　とか言ってみるか、ワッハッハ」などとゴーカイに笑った。

年相応のオヤジギャグもしっかりかますナイスなお方だ。

ところが当日、この「〽あっらいぐーま」ネタを先に出た荒川ラップブラザーズの伊集院光君にやられてしまい、パンタさんは真剣に怒った。

「くそぅ！　やられちまったなぁ」

と、20年以上過激なロックを唄い続けてきた鉄の男が「〽あっらいぐーま」を先にやられたことで口惜しがる姿はなんだかホノボノと素敵で、ボクはその様子を見ながら、「あぁパンタさんみたいな大人になれたらいいなぁ」、などということをボンヤリ思った。

東京都 渋谷区 宇田川町 二十四番地二号

僕の原点というべきこの住所には、かつて「屋根裏」という名のライブハウスがあった。老朽化した雑居ビルの3Fだったか4Fだったか、階下にはキャバレーがあり、屋根裏にたどりつくには、呼び込みのお兄ちゃんの「よ、大将、バンドかい、早く有名になんなよ」などという激励の言葉を毎回聞かされなくてはならなかった。その名の通りに、本当に屋根裏部屋のような、怪しげな空間だった。

心の中に「表現したい」という爆弾を抱え込み、しかしその手段を見つけられずにいる連中たちが、暫定的にロックという方法を借りて、屋根裏の狭いステージの上で、ゴロゴロところがって見せた。その中に、僕も一時期いたのだ。

屋根裏が閉店する夜、どこからともなく集まったそんな連中で、センター街はあふれ返った。爆発する場を無くした不発弾の群れが、屋根裏の最後を見届けた。

バンドマンの発展形とは

テレビから生まれた職業がある。

バラドル。

アイドル歌手としてデビューしながら、バラエティー番組の司会などで活躍している人々を指す。バラエティーとアイドルを合体させた造語である。

バラドルは、その言葉が発生した当初、蔑称的な使われ方をしていたように思う。売れないアイドルの別称と言われていたし、「わたしバラドルだから」と言う時、彼女らは自虐的な微笑を浮かべてみせたものだ。

ところが現在では、バラドルをアイドルのなれの果てなどと思っている人はどこにもいない。それどころかバラドルという職種は今や10代の少女にとってはあこがれであり、デビュー間もないアイドルたちには、ひとつの到達点ともいえる存在なのだ。考えてみれば、バラドルは、テレビにおける露出量にしろ、収入にしろ、半端なアイドルと比べたらケタはずれに良いのだから、今日の逆転は当然の展開なわけだ。

音楽の世界にもバラドルならぬバラエティーアーティスト＝バラティストとでも呼ぶべ

き人々が数多くいる。ＧＳブーム、フォークブームといった一時的ブームが去った後、活躍の場を音楽だけにとらわれず、芝居や司会、文筆などに求めた人々だ。彼らもきっと当初は音楽仲間から中傷されただろうが、今では皆、堂々たる地位にある。

空前のバンドブームが終結した今、僕もバラティストとしての道を歩もうとしている。本も出すし、音楽番組以外のテレビにも出る。

バンドマンもそろそろ「ロック」という変な特権階級意識を捨てなければ井の中のカワズで終わってしまう時代だと僕は思うのだ。バラドルが革新的アイドルであったように、バラティストはバンドマンの発展形なのだ。

外来語をチェックせよ！

新装なった羽田空港の愛称を、「ビッグバード」というのだそうだ。

この名前、命名者にしてみれば、「フフフ、なかなか夢があって悪くないでしょう？」といったところなのだろうが、アメリカ人にとっては、「オ〜ノ〜、オ〜マイガ〜！」であるらしい。

実はビッグバードとは、スラングで「デブ女」とのこと。

命名者の無知による失敗とはいえ、我々は「デブ女」の懐《ふところ》から博多へ飛んだり北海道へ行ったりしているわけだ。

「オレ、旅は国内ばっかだからね、ビッグバード専門」などと言おうものなら、これすなわち、「オレ、デブ専」と同意なのである。「フケ専」「ハゲ専」に比べりゃまだいいが、しかし「デブ専」はかっこ悪い。

ビッグバードのみならず、外国語の無知による恥ずかしい言葉を、我々はけっこう使っているらしい。

有名な話では以前、訪米した桜内元外相が、「アイアムチェリー」とぶちかました事件があった。桜内とチェリーをかけた「笑点」ばりのハードギャグではあるが、チェリーには「処女」の意味もある。

これはスゴイ。

想像していただきたい。欧米の外務大臣が記者会見の席で、やおらスックと立ち上がり、「コニチワ、ワタシハ生娘《キムスメ》デ～ス」などと言う姿を。往年の荒井注の必殺ギャグ、「ディスイザペン！」にも通ずる恐怖の間だ。

こういう場合もある。我々がふだんなにげなく使う「あ、そ～」という相づち。あれは英米人には、「アス・ホール」つまり「尻の穴」と聞こえるらしい。これもまたスゴイ。

我々が彼らの前で適当な相づちを連続して打ったとしよう。しかし彼らにしてみればそれは、自分の意見に対してどういう理由からか、「尻の穴、尻の穴、尻の穴だよね～」と応対する、ダダもシュールも裸足で逃げ出す妖しげな東洋人の登場となるのだ。ああカルチャーショック！

まだある。

カルピスは「カウ・ピッス」。牛の小便である。異国の地でいきなり「牛の小便飲まないか？」と問われ、冷蔵庫からなんだか精液みたいな物を出された日にゃあ、そりゃビビるだろう。

高田馬場に「ＢＩＧ　ＢＯＸ」という建物があるが、あれは「トンデもなく馬鹿げた発想」という裏の意味がある。早稲田の学生が集う町だけに意味深だ。

さて……そこでどうだろう。我々がふだんなにげなく使っている外来語の中にも、探してみればさらにトンデモない意味を持つ言葉があるのではないだろうか？

もしかして我々は「鼻汁たれまくりのＥ・Ｈ・エリックでしゅ～」などという裏の意味を持つ名を付けられたレストランで、「君の瞳に乾杯」などとやっているのかもしれない。

あるいは「じいさんのオムツぐしょぐしょ～、源さん取っ替えてタモレ～」というスラングに相当する名のバーで、友と酒を酌《く》み交わしていることも考えられる。

「う～ん井上順のバカ、布施明の乳首噛んだら淳子原理やめちゃう～ん」というダブルミーニングを持つ名の公園で、捕鯨反対のデモをやっている可能性もある。

「いや、ですから総務ではっ！」

「総務なんか関係ないよっ！」

と、『課長改め部長 島耕作』のワンシーンのようなマーケティングについての熱い激論が交わされていたとする。白熱だ。そのとき英語に精通した部長があることにハッと気付く、

「あ、んなことよりうちの社名、こ、こりゃスラングで『スポスポ鼻の穴にタバスコ２本入れて交尾しちゃう～ん』って意味じゃねーか」

……な～んてことも、いや絶対にないと誰が断言できよう。もう一度外来語をチェックすべし、と私は提言したい。

最後に、

「〽磁気　磁気　磁気　磁気　足のツボ」

と小柳ルミ子が唄う健康器具のCMが以前あったが、「ジキジキ」とはインドのスラングで、ズバリ言って「女性器」のことなのである。

賢也は知っているのだろうか……？

今夜もまた　あなたの電話が盗聴される

「赤い糸の伝説」——などと書けば、何やら岩波ホールあたりで単館上映されるおフランス製文芸映画のような響きだが、そんな洒落たもんではない。今回書く「赤い糸の伝説」は、ある奇妙な機械を使用した、犯罪スレスレのナンパ物語なのだ。

奇妙な機械とは、通称「盗聴機」とも呼ばれるトランシーバー型広帯域受信機のことだ。

「なんじゃそりゃ？」

とたずねた君のために説明しよう。

君の家の電話はコードレスフォンだろうか？　もしそうなら、悪いことは言わないからただちに有線式に変えた方がいい。

コードレスフォンから電波として発信される君たちの会話は、受信機ひとつあれば簡単に傍受できてしまうのだ。

コードレスフォンの周波数は決まっている。250〜380MHZの周辺だ。受信機はここらへんの周波数をキャッチするように作られているわけだ。「うちのは盗聴防止機能付きだから安心」などと胸をなでおろしたりしてはいけない。最新型の受信機には、それをさらに解除する機能がプログラムされているのだ。防止機能のかかった会話は、普通の受信機ではモゴモゴとしか聞こえないが、解除機能を使えばきれいに再生できてしまうというわけ。ムダなのだ。イヤハヤナントモ……。

「で、でもそんな物どーせ高いだろうし、実際は興信所の人ぐらいしか持ってないでしょ」と、あわてた君にダメ押しの衝撃を。

受信機は、安い物なら2万円台、地方のディスカウントショップに行けば1万円を切る物もある。つまり秘かに相当数出回っているということ。どーだまいったか⁉

「そ、それ犯罪にならないの⁉」

恐ろしいことに、受信機による電波傍受は違法ではない。そこで「電話受信は盗聴ではない。私的会話をタレ流す放送を聞いてるだけだ」という妙な論理が受信マニアの間で常識化しているらしい。

某アイドルが携帯電話で知人と食事の待ち合わせをし、行ってみると常連の追っかけがニコニコ笑いながら座っていたという話をアイドル本人から聞いたことがある。明らかに受信機を使った先回りだろう。もっと悪質な例として、某女性タレントが数年にわたる電話の会話を傍受され、おいしいとこだけ編集した録音テープが流出するという事件がつい最近あった、トンデモないよねぇ。

しかし必ずしも有名人のみが受信機の餌食《えじき》とは限らない。無名の人とあっても、こんなエゲツないことをされちゃう場合もあるのだ。

――ヒロ子さん（22歳・仮名）は、ひとり暮らしの女子大生だ。深夜、彼と長電話をすることを楽しみにしている。その夜も、かねてから計画中の冬休みの旅行について彼と1時間も語らい、オヤスミを言ってコードレスフォンのスイッチを切った。

と、電話のベルが鳴った。

「もしもし！」

聞き覚えのない男の声が彼女に呼びかけた。

「もしもし……誰？」

ヒロ子の問いに、男は冷静な声で、こんなことを言った。

「僕は今、未来から君に電話をかけているんだ」

アホらし、と思い彼女が切ろうとした刹那《せつな》、自称「未来からの男」が言った。

「君は夏休みに彼氏と××へ行くね」

ヒロ子はギョッとした。彼との旅行は、まだ誰にも教えていない。なぜ？

「なんで知ってるの？　タカシの友達？」

「ちがう」と言って男は、さらにヒロ子本人とごく親しい女友達しか知らないはずのいくつもの出来事について、次々と語り始めたではないか。

「なんで知ってるの？　なんで？」

「だから言っただろ、僕は未来からこの電話をかけているんだよ。これから君のまわりに起こる大きな出来事についても、未来からはよく見えるのさ」

「……何が起こるっていうの？」

「君と僕が愛しあう仲になる」

「……え、何言ってんのあんた？」

「赤い糸で結ばれているんだ」

「赤い……糸」

ヒロ子は優しい娘だが、惜しむらくはちょっぴりおバカさんであった。

「僕は、君が今の彼氏と行く旅先で、君に偶然出会うことになっている。ヒョンなきっかけ（どんなや？）でそのことを知ったんだ。黙ってその時を待ってりゃいいわけだけど、どうにも待ち切れなくてね、こうして未来から君に電話をかけちまったってわけさ」

「本当？　本当なの？」

ウソに決まっとるがな。

「信じちゃもらえないだろうね」

だが、ちょっとおバカさんの彼女は信じてしまった。

それから彼女は、頻繁にかかるようになった未来の男からの電話に夢中になった。来たるべき、男と出会える日を待ち望んだ。男に会うために彼と旅行に出かけ、そしてついに旅先で会った男と、瞬時にして恋におちた（ああ彼氏の立場は……）。

賢明なる読者諸君ならもうおわかりであろう。この「未来からの男」、実は受信マニアだったのだ。

1カ月も前から彼女の電話を傍受していた彼は、電波状態の良さから近所のアパートに住む女と目星を付け、名簿図書館で彼女の通う女子大の名簿を閲覧し、実家の住所を調べ、大学職員を名乗り、アパートの電話番号を聞き出すという、探偵さながらの方法で彼女に連絡をとったのだ。会話の内容から彼女が精神的に幼くロマンチストで、しかもバカという事実を知った彼は、「未来からの男」を名乗り、今どき森田健作でも口にすまい「赤い糸」などという死語をあえて用いて、見事ナンパに成功、一発決めちまったというわけである。

このなんともヒドイお話、受信マニアの間では〃赤い糸の伝説〃と呼ばれ有名なのだそうな。無線情報雑誌の編集の方によれば実話だということだが、どうだろう、受信機という現代の妖怪変化が生んだ一種のフォークロア、いわゆる都市伝説なのかもしれない。

それにしてもこのナンパの手段、僕もカウパー液出しまくりの頃はずいぶんあこぎな口説きを試みたものだが、こりゃちょっと邪道……いや外道だよね。

クズ詩を唄う輩《やから》に天誅を！

「ボストンの大バカヤロー！」

8年ぶりにアルバムを発表した米ロックバンド「ボストン」。シングルカット曲の歌詞がヒド～イ。曲調はいい。長き眠りからの覚醒にピッタリなゴージャスムード。いいじゃないかボストン。グッドサウンドだ。と、ギターがうなる。おお、いよいよサビだ。聞かせてくれボストン、電撃のシャウトを今こそ我らに！　全世界のファンに応えるべく、8年ぶりにボーカリストが叫んだその言葉は……。

『〽あいにーどゆあらぶ～　あいうおんちゅーえぶりぃうぇ～い』

……………………アホか。

アホか君らは。考える時間がタップリ8年もありながら、中学生でも書けるような、そんな言葉しか唄うことがなかったのか？「君のすべてが欲しいのさ」と唄うことは悪いことではない。しかし、伝えたいメッセージを「ヒネル」ぐらいの技を、どうして修得できなかったのか？　こんなクズ詩だったら、ジャイアント馬場にヤシの実割りをかけられながらだって僕は書ける。

恐らく、彼らに伝えたいメッセージなどハナからなかったのだろう。ヒットを飛ばすために、とりあえず不特定多数の人々の興味対象である「恋愛」を唄ってみただけのことなのだ。詩を、歌詞を、その程度の物としてしか考えていない姿勢に腹が立つ。

ボストンに限らず、ヒット曲の多くが同じ構造で作られている。売れることが第一の目的なのであり、だから必然的に、詩の主題は誰もが興味ある「恋愛」ということになる。結婚サギ師も真っ青の、歯の浮くラブソングばかりが次々とリリースされるのはそのせいだ。アーティストとして最優先すべきはずの「主張」が、あとまわしにされているのだ。本末転倒である。

「イヤそんなことはない。恋愛を初期衝動とするアーティストが多いから、たくさんのラブソングがリリースされるのだ」と反論する人もあろう。そうかもしれない。しかし、だったらみんなオレの心にも響くようなもんを書けっての。

ボストンのクズ歌詞は、売らんかな主義の下に安っぽいラブソングを唄うインチキアーティストたち、その悪業の典型例と言える。

が、もちろんなかには、恋愛をテーマにしながらも、う〜んとうなるような歌詞を書く人だってもちろんいる。

伊勢正三さんがその人だ。

彼のいくつかの歌詞を聞くたびに、「まいりました！」とお手上げ状態になってしまう。なんとも見事な出来ばえだからだ。

伊勢さんの詩は、彼自身の恋愛体験にもとづいて書かれたものではないと僕は思っている。彼は「ラブソング」というものをひとつのジャンルとしてとらえ、ドライな分析とウェットな表現でそのジャンルにおける最高レベルの作品を創り上げているのだ。それは悪く言えば確信犯というやつであり、さっき言った本末転倒の一種とも言える。だが書かれた作品が、実に徹底した、文句のつけどころがないものなのだから、こりゃ称《たた》えずにはいられない。

伊勢さんの詩のポイントは、なんといっても「メソメソ」しているところだ。とにかく「別れたフラれたもう会えない」と感傷的なのだ。その女々《めめ》しさが半端じゃない。

例えば名曲「君と歩いた青春」――主人公は田舎から上京した同級生の男女。故郷では単に友人同士だったが、都会暮らしのさみしさからか、恋におちた。けれど別れの日が来て、男は女に言う。

『〽故郷へ帰ったらあいつらに会うといいさ』

あいつらとは故郷の仲間たちのことだ。この男、自虐的である、メソメソしている。

『〽みんないいやつさ　僕とはちがうさ』

自己愛に酔っている。メソメソ君だ。

『〽みんなで釣りへでもいきなよ』

みんなで釣り！　メソメソだ！

『〽本当はあいつらと約束したんだ　抜けがけはしないとね　バチ当たりさ僕は』

バチ当たり！　メソメソ！　メソメソ！

『〽だけど本当さ愛していたんだ』

そして恐怖、地獄のメソメソ男は、ラストにこんなセリフを彼女に向かって投げかけるのであった。

『〽君はなぜ　男に生まれてこなかったのか？』

メソメソ！　メソメソ！　メソメソ野郎！

思わず「君、空手でもやって精神をきたえたらどうかね？」と、声をかけたくなる程に女々しい感傷とナルシシズム。この曲に限らず、彼の詩世界は、圧倒的なメソメソ感覚で統一されている。それが説得力に満ちた作品として結実する理由は、先にも書いたように、まぎれもなく、恋愛に対する確信犯的分析力によるものであると僕は思う。

人間の心の揺らぎの中でも、最もウェットな〝感傷〟というテーマを、ドライな視点から観察し、次々と「作品」に仕立て上げていく伊勢さんのプロとしての腕に、僕は驚きと共に、まるで悲惨な事故現場を冷静に切り取ったニュース写真を見る時のような冷たいおっかなさを感じる。

彼の「あの唄はもう唄わないのですか」という曲がある。

設定はコンサート会場、一番うしろの席で、ひとりの女がステージ上の歌手をじっと見つめている。

彼女の独白。

『〽あの唄 もう一度聞きたくて 私のために作ってくれたと 今も信じてる あの唄を……』

彼女はかつて、この歌手とつき合ったことがあるという。その頃に彼が口ずさんでいた唄をもう一度聞きたくて、コンサートに来たらしい。ところが、彼はその唄を唄わない。彼女は心でつぶやく。

『〽あの唄はもう唄わないのですか 私にとっては思い出なのに』

……僕はよく、心の病を原因とする「恋愛妄想」にとらわれた女性ファンから手紙をもらう。それらには決まって、「あの唄は私のために作ったのですね」と書いてある。「私との関係を唄にしたわねみんなにバレたらどうするつもりよお前死ね」などと「妄想」を綴った手紙を、一度も会ったことのない女性が送ってくるのだ。「香菜《かな》、頭をよくしてあげよう」という唄を作った時など「香菜って私のことですね」と書いた手紙が17通も来た。ラブソングは恋愛妄想者……つまりストーカーを呼ぶのだ。

「あの唄は……」の中で主人公は、「あの唄」を彼が「私のために作ってくれた」と「信じている」と述べている。その根拠については曖昧《あいまい》である。自分のために作られた唄だと、彼女はひとりで思いこんでいるにすぎないのだ。

これは、つまり病的な恋愛妄想なのではないのか？　つき合ったという思い出も、実は心の病による彼女の過剰な思い込みなのではないか？

伊勢正三さんは、危ない女性ファン・ストーカーの妄想までを、プロとしてのドライな視線でとらえ、ウェットなラブソングに昇華させてみせたのだ……と僕は推理している。ま、「それこそ妄想」と言われかねないけれどね。

でも、もし、僕の推理通りだとしたら、この曲は世界にも類を見ない、「サイコホラー・ラブソング」である。おっかないぜ正三。

ラブレター

ドリュー・バリモア賛江

やあ、ドリュー。

最新作『ガン・クレイジー』を観てきました。「文通」によって現代版ボニー&クライドが恋に落ちるなどと、しがない東洋の一ファンにも夢を与えてくれるストーリーに感動しました。もしかしたら、あなたに贈るこの手紙が映画同様に、あなたと僕とを結びつけるきっかけになるのではなかろうか、なんてほとんど危ない妄想にとらわれている今日この頃です。

それほどに、ドリュー、『ガン・クレイジー』の君は儚《はかな》く哀れで美しかった。

(今、夜中にこのラブレターを書いてるんだけれどね、きっと明日の朝になって、僕は自分が書いた、あなたへのラブレターを読み返して、「ヒ〜ッ!」と、こっ恥ずかしさに悲鳴をあげると思う。でも、書きます。僕はあなたを、愛しているのだから……)

正直言って『アルタード・ステーツ』や『E・T・』の頃は、あなたに気づきもしませんでしたが、『POISON IVY』(日本では、この名作に『ボディヒート』なんてバカな邦題をつけているんですよ。怒ってやってください)で、往年のチャーリーズ・エンジェル、シェリル・ラッドを死に追いつめるあなたのもの憂げな瞳と、ポヨヨンとした上腕部の肉の震えにやられました。好きです。

いじめたい。いじめてあげたい。いじめずにおけない。愛しいはずのあなたに、サディスティックな劣情を抱いてしまうのは、ドリュー、アレです。あなたのいたいけなさがいけないのです。

あなたの上腕部、プルプルとした肉のわななきが好きです。

できれば針でつっついてみたい。チッチッチッとつっついて、赤い血の球が浮き上がる様をじっくりとじっくりと、蟻の観察に熱中する小学生のように見つめていたい。

駄目ですか？　なぜ駄目ですか？　好きなのに。

また、お手紙を書きます。

坊主ブーム! そしてオレも……!

'90年代後半に、突如起こった"坊主"ブーム!
ダウンタウンの松っちゃん、長嶋監督、
木梨憲武、高嶋政伸らが次々と頭を丸めるなか、
われらがオーケンもついに!?

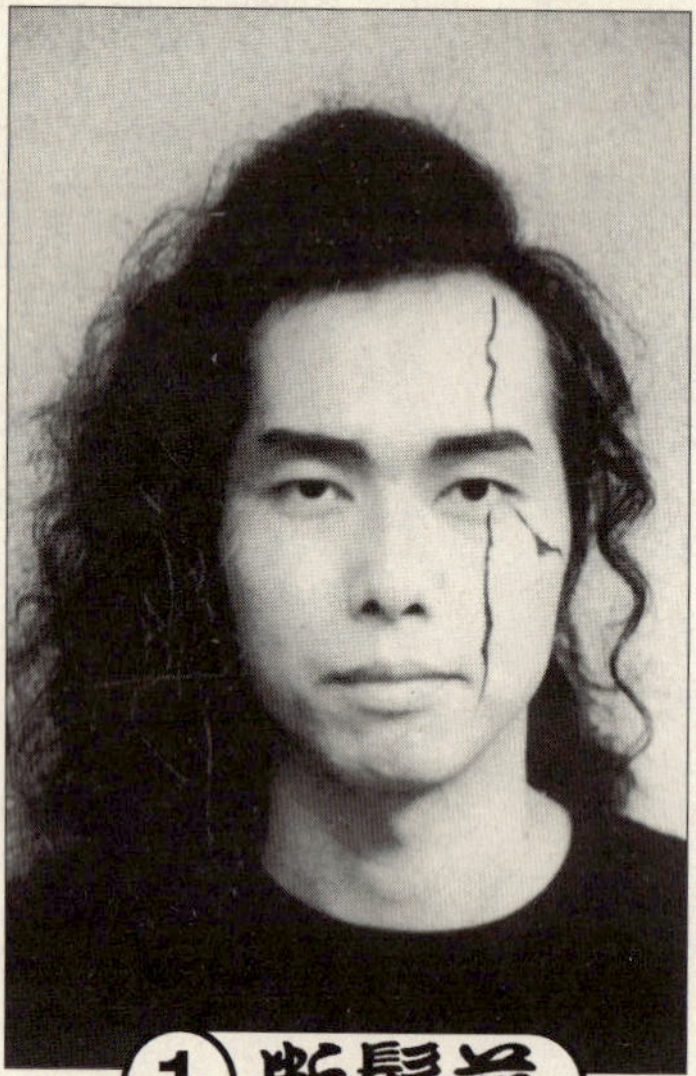

① 断髪前

①ロッカーの魂=長髪がトレードマークだった
オーケンは、もう見納めなのかーッ!?

②いよいよ入鋏！ 慎重な面持ちでカットの手順を打ちあわせる。鏡に映った顔は、チョット悲しげ。③「ほーら、切っちゃったよーん」。切りたてホヤホヤの毛束を見せられ、なぜか爆笑！

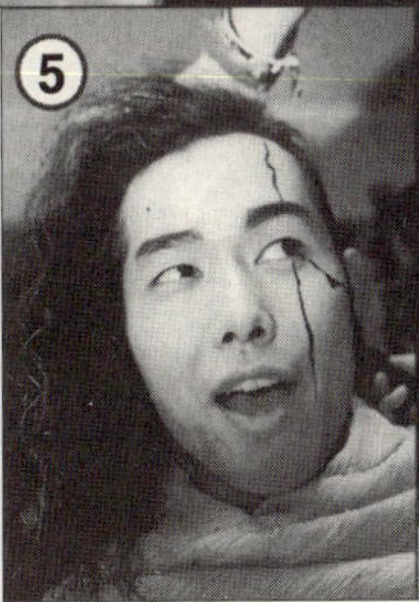

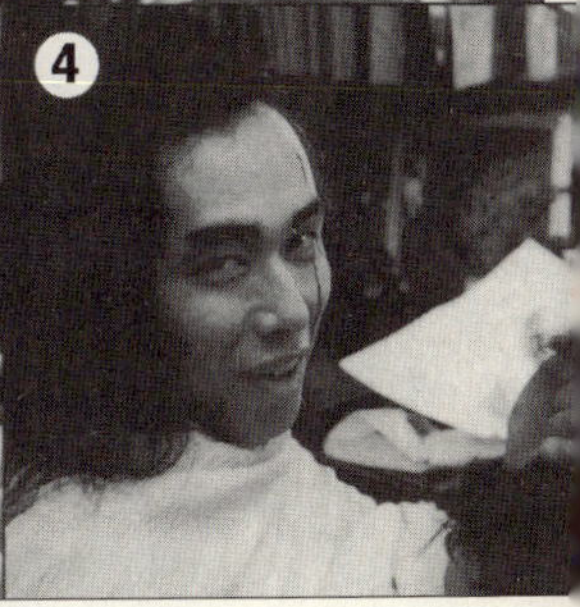

④「ヘッヘッヘ……。バッサリやったゼ！」。長年連れ添った髪を手に、不敵な微笑!? ⑤で、バリカン登場。こっから先は容赦なく刈られていくッス〜！思わず美容師サンを見上げる！

⑥ 働き者のバリカンくんは、ついに自慢のモミアゲまで攻め込んできた！ ジョ〜リジョリジョリ〜 ⑦そんでもって仕上げに入る。どことなく三島由紀夫っぽい面影に、オーケン満足!?

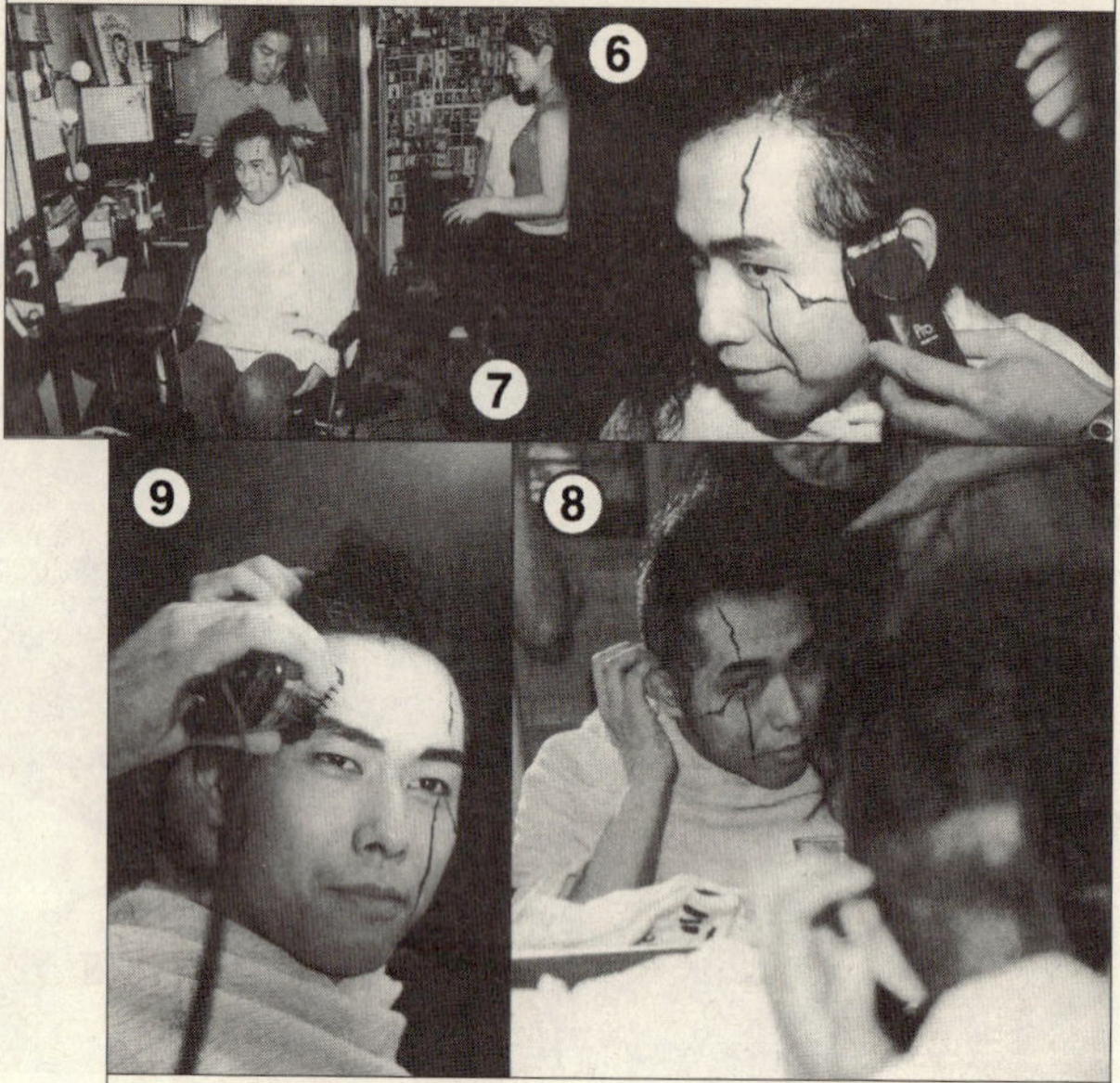

⑧ 鏡の向こうに新しいオレ!?（笑）耳元を気にしながらも、ホッとした表情ダ！ ⑨ほぼ2分の1カット終了。ハーフ坊主、ハーフロン毛！けっこうイカしているぜーッ。

⑩ アクセントに、フロントの髪をちょびっと残すことにしたのだーッ!で、フィニーッシュ!!

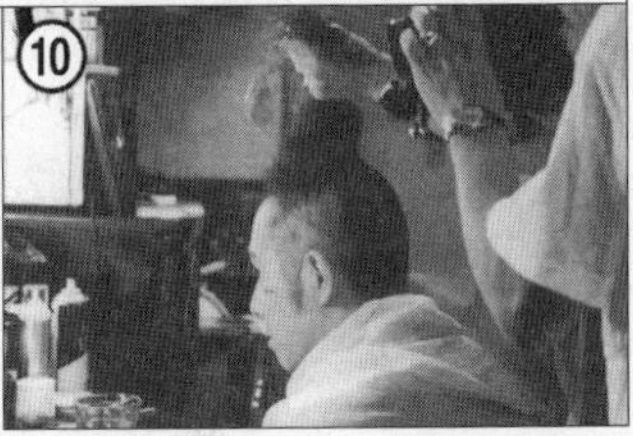

⑪カンフースーツに身を包み、"少林寺"っぽくキメてみたぜーッ。これからもガンガンいくので、応援ヨロシク!!

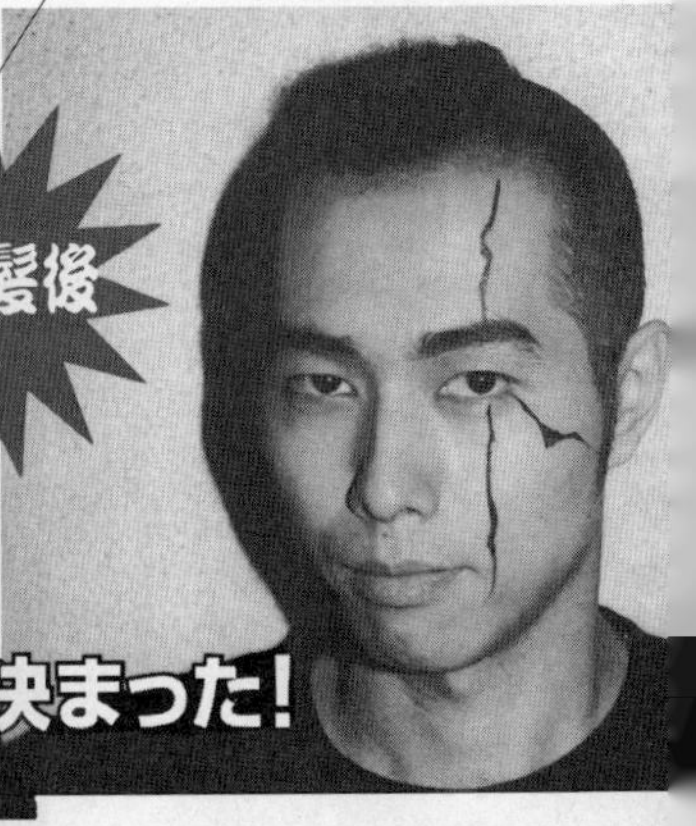

⑪断髪後

10年ぶりの坊主頭、やたらクールに決まった!

はしゃぎ方に無理が見えるな（'96）

撮影中のワンショット。映画といえば、ボツったけど金田一耕助役の出演オファーなんかもあった。('90)

この日を境に突然人気が出たんだよ筋少。当時の「インディーズ・ブーム」ってのにポンと乗っかったわけだ（??）

映画「！（a i・ou)」で血まみれメイクになった時。この姿で調布撮影所に1日いました。「血のり」ってイチゴ味なんだよ（'90）

「バラード禅問答」という曲の間奏中にこのポーズなんだからロックだねまったく('93)

カメラはオリンパスのＯＭ４チタンに、インチキメーカーのズーム装着（'93）

俺は昔、ビジュアル系だったんだってば。「フールズメイト」で表紙とれんかね。これは薬のCMの時のワンショット。しかし薬のCMでなぜデカダン？（'90）

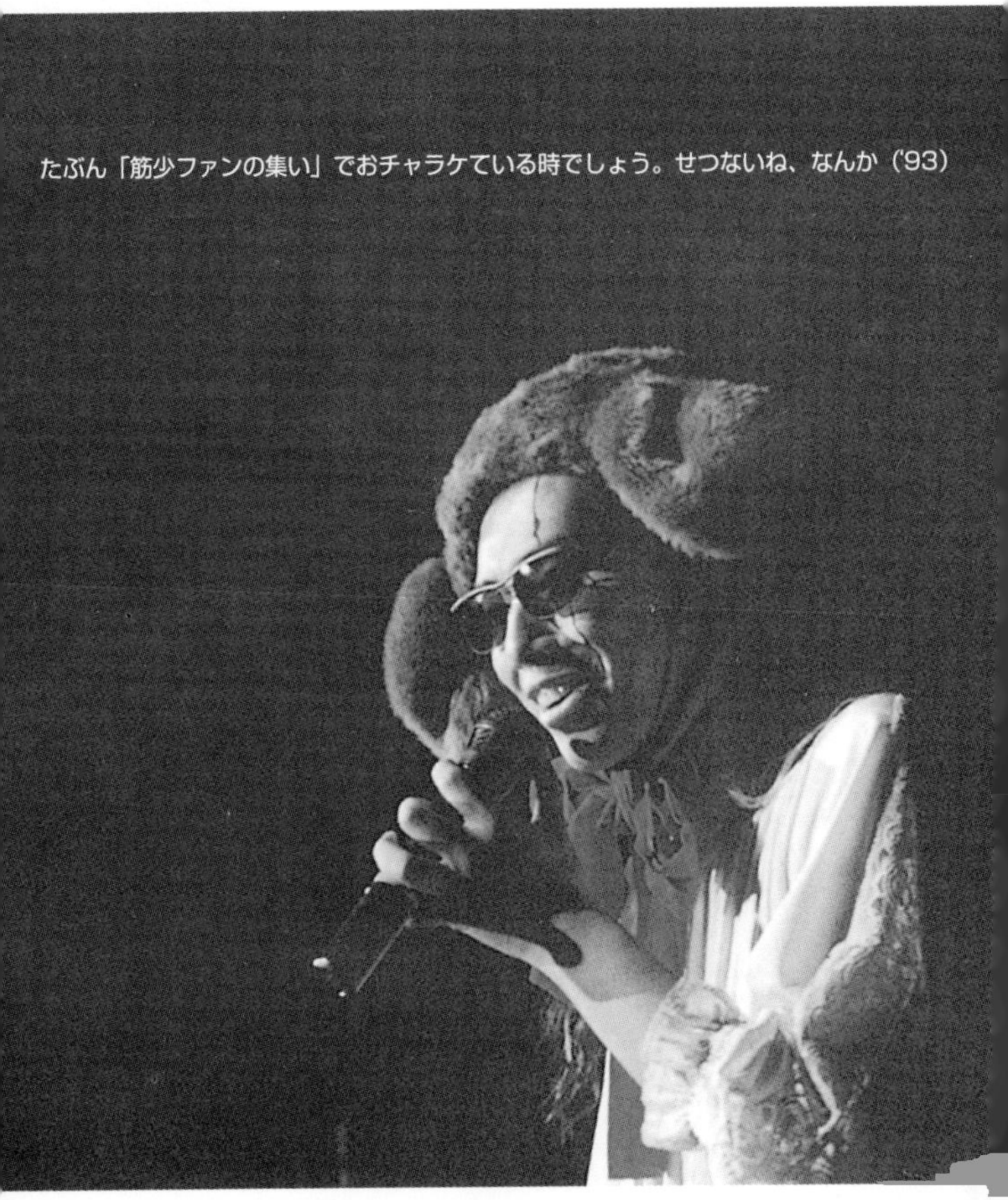

たぶん「筋少ファンの集い」でおチャラケている時でしょう。せつないね、なんか（'93）

楽屋で「ＵＦＯと宇宙」を読むミュージシャン。となりは「リーダーズ・ダイジェスト」かなんか読んどる（'93）

蛭子能収さんのＴシャツを着ている。蛭子さんの「私はバカになりたい」と「地獄に堕ちた教師ども」には多大な影響を受けたなぁ（'93）

また、無理にはしゃいでいる（'93）

セブ島の市長にこのかっこで会いに行ったんだよ、マジで。そしたら次の日の新聞に「日本からのバカがプレスリーのかっこして市長訪問！」とかいってドーンと写真付きで記事になったんだよ、いやマジ（'89）

「まんが道フィリピンを行く」というケーブルテレビの企画でセブ島に行った時。足太いねえ('89)

フィリピンの売店。このファッションは高円寺「仲屋無限堂」で揃えたものだ('89)

ここはビクター青山スタジオの101号だな。ということはレストラン「コクシネール」のカレーかこれは。「コクシネール」のおばちゃん、髪型がミスター・スポックそっくりなんだよ('94)

だからロッカーが楽屋でマニア誌を読み込むなっての。こりゃ古武術専門誌ですな('95)

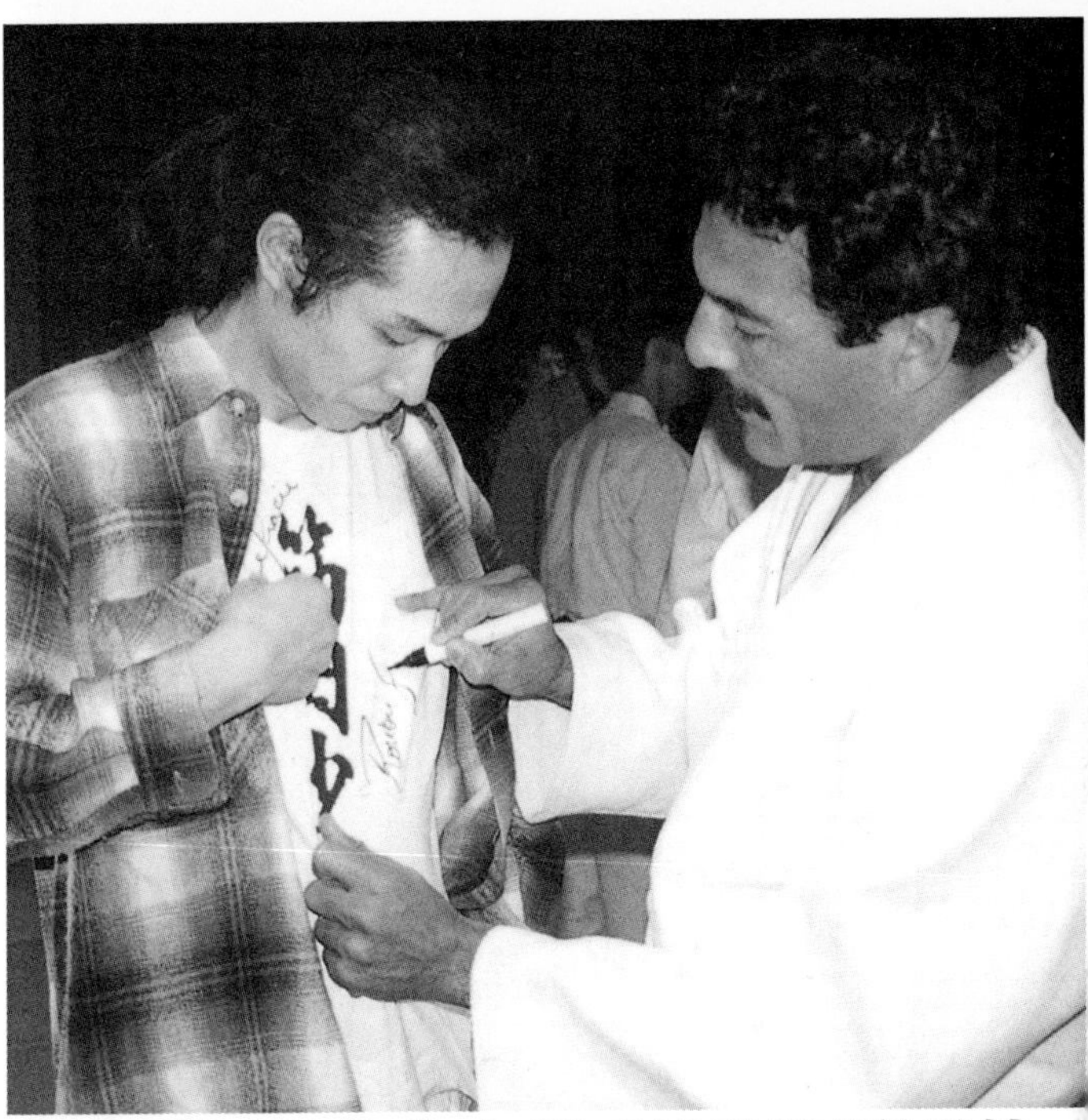

グレーシー柔術家、あのホイス・グレーシーの兄、ホリオンさんにサインをしてもらう。
ホリオン氏は「リーサル・ウェポン」シリーズに悪役でちょこっと出とるぞ（'96）

マンガ「男おいどん」のTシャツだ。「おいどん」って最終回だけ唐突にSFになるんだよな。
で、その後に「ワダチ」ってマンガが始まったんだよ（'93）

手にしているのは「ジャーミネーター」というオモチャ。今ではレアな一品（'94）

功夫着は黒と白と２着作ったのよね（'96）

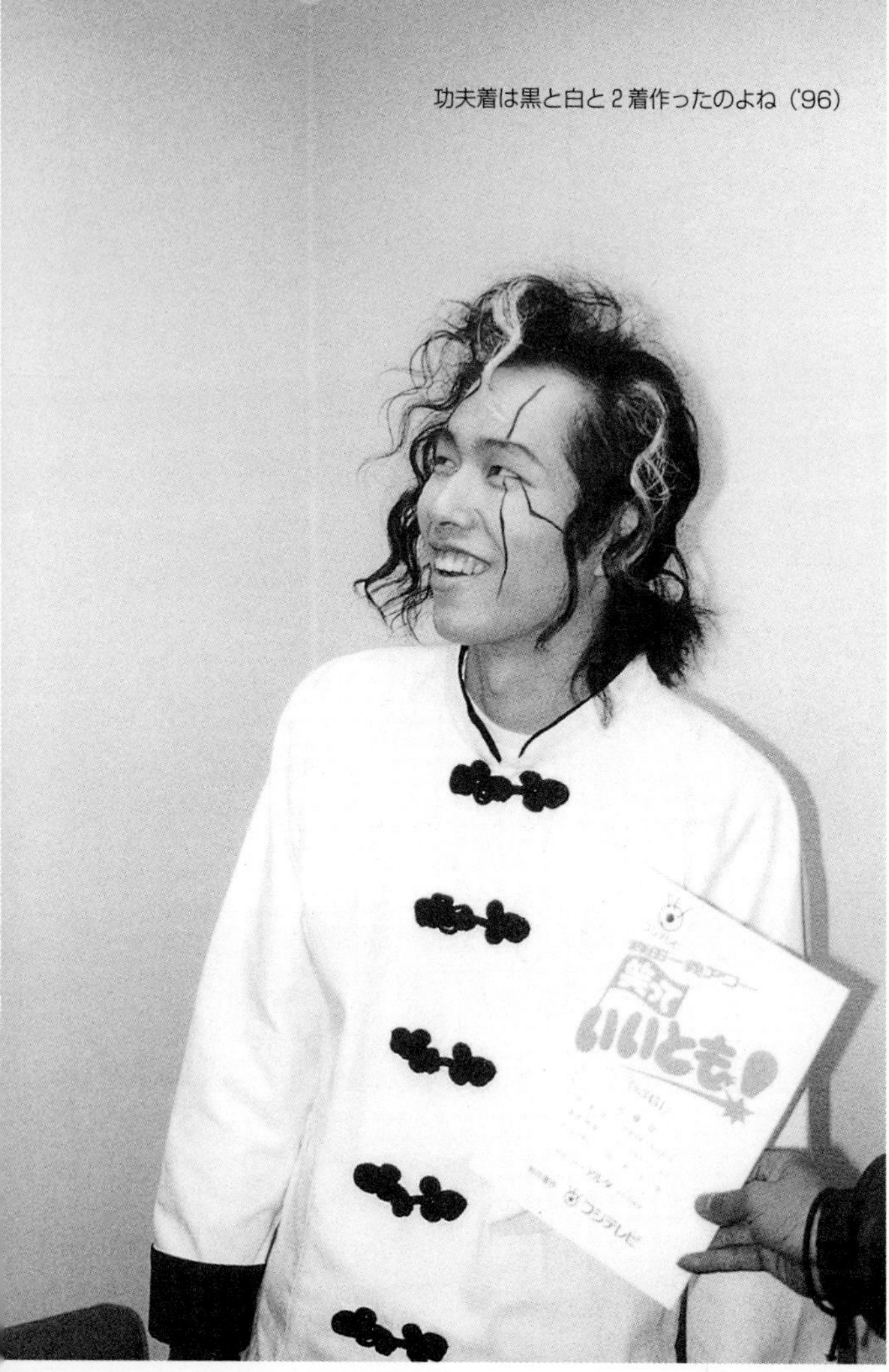

ちょっと、そこの貴女《あなた》！　オーケン愛の相談室

私は彼に飽きられた?

（ファッション販売・23歳）

交際3年目の25歳の彼がいるんですが、ここ1年半ほど、まるでマンネリ夫婦のようにHも月に一度あるかないか……。浮気はしていないと思いますし、彼から愛されている自信もあるんです。つきあいだしたころは、しつこいぐらいの人だったのに、今はもう、その一度もサッパリ。男の人って、飽きてしまうんですか?

飽きます。

交際3年もたてばどうしたって男は恋人とのセックスに飽き果てちまうもんなのです。たとえあなたがブリジッド・バルドー、樹《いつき》まりことといった先天性フェロモン発散しまくり人種の系譜を継ぐ女性であったとしても、あるいは超絶技巧を持つ、ベッド上の仕事師であったとしても、3年もたてば男にとって色あせたものにしか見えなくなるものなのです。それは哀しいことだけど事実だから仕方がない。

ベッド上の恋人が色あせてしまったら、男は恋人以外のまだ色あせていない女性を性の対象として探すようになります。恋人との関係で消滅してしまった部分を、他の女性で補おうとするわけです。つまり、浮気です。

あなたは「浮気はしていないと思う」と言っていますが、それはいかなる根拠によるものでしょうか？　男の性リビドーは、温泉のように、後から後から湧き上がり、抑えきれるもんではないのです。浮気はしていないというのなら、彼はいかにして発散しているのでしょうか。

ひとりモンモンとオナニーをしているのかもしれませんね。浮気をする彼と、オナニーする彼と、あなたはどちらが許せますか？　どっちもイヤだとは思うけど、後者のほうがまだ可愛いものですよね。彼氏のたった1回の浮気で女性の心は粉々になりますが、彼氏が100万回オナニーしても、女性としては「ゲンナリ」するだけでしょう。男が交際3年目にして女とのセックスに飽きる、これはゆるぎようのない「真理」です。また、男が性的興味から浮気をする。これは「現実」です。そして男が女性の心を傷つけぬためにオナニーで性を処理する。これは「理性」です。

あなたが今するべきことは、黒のスケパンをはいて彼を誘惑したり、ソフトSMにそれとなく誘ってみたりといった、彼の性欲を無駄に刺激することではないはずです。

そんなことより今、あなたにとって必要なのは、「真理」は「真理」として受け入れ、「現実」を回避するために、彼に「理性」を選択させることなのです。もっと簡単に言いましょう。いかにして彼にオナニーで性処理をさせるか、この問題を考えることです。

その手段としては、「浮気」というものが自分にとってどれだけつらいものであるのか、彼にくどいぐらい説明するしか方法はないでしょう。まさか「バンバンオナニーしてよ」

とは言えないですからねぇ。

でもね、「わかっちゃいるけどやめられねぇ」というのも男の「真理」なんスよねぇ。

「真理」を受け入れ別の手段で発散させるべし！

彼がエコロジーにはまって

彼が自然食に凝りだしました。自然食以外、口にしようとしないんです。突然、エコロジーに興味を持ちはじめたな、と思っていたら、このごろは「宇宙」とか「地球」などに強くひかれだしたみたいです。困るのは、デートの時。私は「おいしきゃいいじゃん」と思っているタイプ。一緒に食事もできません。どうすればいいんでしょう?

（OAインストラクター・26歳）

「宇宙」とか「地球」とか、あんまり日常生活の中で使用される回数の少ない「でっかい」フレーズを彼が使い始めたら要注意です。

それは現実逃避の現れだからです。

日常とかけ離れた観念的世界へ逃げ出してしまおうという弱い心から来ているのです。

さらに、自然食に凝り出したというのも少し危なっかしい気がします。

彼はつまり、現実的日常生活から自分を解き放ってみたいと願い、その手段として、自分の存在する位置を「宇宙」とか、「地球」といった、およそ日常レベルからはるかにかけ離れた大きさの中に求めようとしているのです。こまごまとしたトラブルなどまるでない「でっかい世界」に自分はいるのだと思い込みたいのです。

自然食に凝るというのも、そういうところから来ているのではないかと思います。「自然」という、やはり日常レベルではあまり意識するものではない世界に、逃げ込んでしまいたいと彼は願っているのではないでしょうか。

今のところ彼は、日常からの逃避の場所として、「宇宙」「地球」「自然」といったエコロジー方面へ傾いているにすぎませんが、現実逃避願望が強く、逃げ場を目に見えない世界や力のようなものに求める人の定番として、やがて彼も「精神世界」「内面的宇宙」「形而上概念」「超常現象」……そして「神」といったアヤシゲな方面へ向かってしまう危険性が十分にあります。

そっち方面へ行ったら最後、たどりつく先は100％決まっています。「宗教」です。

宗教に入信することが良くないなどとはけっして言うつもりはありませんが、ある日突然、恋人が潤《うる》んだ目をして、「教祖様の尊さをキミにもわかってほしいんだよ！」とか言い出したらあなたはどうします？

彼の場合、まだ自然食どまりなので、それほどの心配はないでしょう。

あなたに今必要なのは、彼に日常から逃避させる場所を、宇宙や地球や自然食以外につくってあげることでしょう。

あなた自身が、彼の逃避の場所になってあげたらいい。「つらいならば、私のところへ逃げてきてよ」という宇宙よりもでっかい気持ちになって、なにより「自然食なんか、もう食べたくもない」と、彼が思えるほどにおいしい手料理をこさえてあげたらいいんじゃないでしょうか。

それは現実逃避の現れだ。あなたが逃げ場になろう

仕事って結婚までの資金稼ぎ

（一般事務・22歳）

会社を辞めました。何がしたいとか、この仕事がしたいとかいう気持ちがなくて……。今、失業中です。また、別の会社で働こうとは思っているんですが、正直いって「働くのは、結婚するまでの資金稼ぎ」としか考えていないんです。仕事の内容なんて、どーでもいいとしか思えないんです。この考え方間違っていますか？

間違っていると思います。

それに、かなりむなしいのではないかと思うのです。

というのは、かつてボクも、同じような考えでもって退屈な日々をすごしていたことがあったからです。といっても、あなたのように結婚を人生の最大目的として、その資金稼ぎのために仕事をしていたわけではありません。ボクの場合は、いつかなんらかの形で世に出るまで、モラトリアム期間でいたいがために、何の目的も持てずダラダラと予備校に行ってみたり、大学に行ってみたりしていたのです。

予備校にしろ、専門学校にしろ、大学にしろ、学校という名のつくところは本来、勉強をしたいという強い意志がまずあって行くものです。そこへ、単にまだ社会という荒海の中へ飛び込みたくないからという、まことにもって情けない理由でもぐり込んだのだから、これはもう退屈な日々がそこに待ち受けていたのは当たり前だったわけです。

大学も、とりあえず入ればいーや、学部だとか学ぶものの内容なんてどーでもいーや、と思って入ったものですから、講義を聞いていても、馬の耳になんとやらで、今となっては教授の顔さえもボクは思い出すことができません。大学での唯一の楽しみは、学食の安いカレーを食べることでした。腹もへっていないのに、休講で時間が空くと食べに行っていました。さすがに2年目には味にあきてきたので、印度料理店でカレーを辛くする調味料というのを買ってきて、それをふりかけて辛さの度合いを調節し、一人で「うーんナイスブレンド」などとつぶやいていました。

2年目の夏、大学をやめました。思えば、なんとむなしい日々だったのでしょうか。

あなたの会社の日々も、おそらくはこんな意味のない、むなしい毎日なのではないでしょうか？　あなたの不幸は、生きるうえでの目標を「結婚」というものに決めつけてしまったところではないでしょうか。「結婚」すれば幸せになれる。「結婚」すれば何もかもうまくいく。だから、それまではどんなつまらない仕事で退屈でもいーの、結婚してからが本当の人生なんだから……と、盲信しているところでしょう。

しかし、結婚する前だってやっぱりあなたの人生にほかならないのです。結婚にすべてを託さず、会社にもう少し自分を託してみてはどうでしょうか？

第一、退屈に仕事してる女なんか、結婚したいっていっても、モテないよ。

「結婚」を目標としたとき、不幸は始まる

結婚したい彼には才能がない

（一般事務・25歳）

3年間つきあってきた彼がいます。わりと大手の会社に勤務していたのですが「作家になる」といって退職してしまいました。応援したい気持ちもありますが、はっきり言って、彼、才能がないんです。かなりひいき目に見ても、とても作家にはなれないと思います。彼との結婚を夢見ていたのですが、やめたほうがいいのでしょうか?

結婚はしないほうがいいかもしれませんねえ、というのが結論です。
なぜなら、何かを創作しようという願望がある男にとって、恋人の、自分の才能に対する信頼というのは、絶対の自信につながるものであり、反対にそれが得られないということは、「無能の証明書」をもらってしまったようなものだからです。「才能はないけど、私は彼が好きなの」といっても、それは何の意味もありません。
何かを創作しようというパワーは爆弾のようなものであり、彼の存在の核となる宝石です。彼の自己存在のすべてだといってもいい。才能の有無は別として、それは彼の中に歴然とあるのです。そのパワーを真っ赤に燃えあがらせたり、たくさんの人の前でキラキラと輝かせてくれる引き金が才能です。創作しようという人のすべてに「パワー」はあるけれど、それを開花させる「才能」のある人はごくまれです。そして才能があるかどうかを証明する手段は何もなく、才能がなければ、その人は一生を悔しさと自己嫌悪と才能ある人へのジェラシーの中で生きていかなければならないのです。

才能があるかないかはまさにイチかバチかの一発勝負。そんなギャンブル人生の中で、恋人からの、自分の才能に対する信頼は唯一の灯なのです。暗黒の世界で栄光につながる一本道をほのかに照らしてくれる命のランプなのです。

それがあなた、照らすどころか「はっきり言って、彼、才能がないんです。ひいき目に見ても」なんて言われた日にゃあ、これはもう栄光への一本道を漬け物石で通行不可能にされちまったようなものです。

作家になるために会社まで辞めちまった彼にとって、あなたの存在はこれからどんどんと、うとましいものになっていくのは必至でしょう。あなたのほうも、才能もないくせに、自分と結婚の約束をかわした無責任男を、うとましく思い始めることもまた必至でしょう。つまり、この結婚、うまくいくわけがない。

ロック世界でも、似たような話はゴマンとありますが、いつ陽の目を見るかもわからぬ貧乏バンドマンと彼の世話をせっせと焼く彼女、しかし彼らの多くがそこそこ幸せそうに見えるのは、彼女のほうがバンドマンの才能を、絶対的に信じているからです。

繰り返しますが、何か創作しようという人間にとって才能の有無は生きるか死ぬかの問題。それを信じてもらえぬ恋人との結婚など不可能です。

彼の才能が信じられないなら結婚はおたがいの不幸

彼に女装趣味があったなんて

（一般事務・25歳）

彼に女装趣味があるらしいんです。このまえ部屋に行ったら、女装用のものと思われるカツラや、大きな赤いパンプスや服を見つけてしまって……。ショックでした。お堅い会社員だったのに……。その日は何も見なかったフリをして帰って来ました。でもやっぱり私、まだ彼のことがキライにはなれないんです。どうしたらいいですか……。

女装ぐらい好きにさせてあげたらどうでしょう。人間の欲望というのは、抑えれば抑えつけるほど、なんとか外へ出ようともがくものです。特に性欲の、なんとしてでも発散されようというパワーはすごいものです。まるで固い石を割ってムックリと出現する木の芽のように、抑えても抑えきれるものではありません。あなたがどんなふうに注意しても、彼の「女のかっこうをしたい」という心からの願いは消せないはずです。

だからといってヒステリーをおこし、「あたしと女装とどっちが大事なの?」などと、「カバと卓球のラケットはどっちが強いか」を問うような無意味な比較もよくないでしょう。それでは一体どうすればよいのでしょう。

ズバリ、気にせぬことです。

「彼氏の女装病を気にするなですって⁉」と驚かれたかもしれませんが、女装なんていうのはどんな男でも多少興味があるもので、別に誰に迷惑をかけるものでもなし、それでストレスを発散しているのなら、いーじゃーないですか。実際、女装を趣味とし、会社や家庭でのストレス発散に役立てている「女装人口」は、驚くほど多いのです。

ボクが雑誌の取材で訪れた女装マニアの店「エリザベス会館」には、平日でも平均20人以上の男たちが、「女のかっこう」をするために来店していました。まだ20代のサラリーマン風から、引退後の趣味を女装に見いだした60代まで、年齢や身分を超えた女装者の集いは、「世の中って広い」と思わせるに十分過ぎる光景でした。さすがにボクも、「ギョッ！」としました。

けれど、趣味によるストレス発散が、日常の生活からかけ離れた、切り離された状態に身をゆだねることであると考えるならば、つかの間とはいえ、本当の性別を捨て、異なる性別に我が身を置きかえる女装という行為は、かなり高度な「趣味によるストレス発散」手段ではないかとボクは彼らを見て思いました。

女装は、抑えきれない性欲と、ストレスとを同時に、あまり他人に迷惑をかけずに解消するしごく健全な方法といえましょう。切腹マニアやゴム草履収集家や、スカトロジストのようなあからさまな異常性欲というわけでもないし、変わった趣味の中でもまだかわいいもんです。ひとつあなたもシャレのつもりで男装でもしてみたらどうですか？　恋人同士でバカやるのって、なかなか楽しいもんですよ。

ところで「エリザベス会館」の広告は毎週プロレス雑誌に載っています。女装とプロレス……男っていったい。

かなり高度なストレス発散法なのです

あがり性を直したいんです

（コンピューターオペレーター・20歳）

私、ものすごいあがり性なんです。人と話をするのも苦手で、うまく話そうとすればするほどあがってしまって赤面してしまうんです。こんなことじゃ面接に行っても何も話せないんじゃないかと不安でたまりません。どうすれば大槻さんみたいに人の前でも落ち着いて話ができるようになるんですか？


場数を踏むしかないでしょう。

どんなに人前で真っ赤になろうと、まともな受け答えができずにシドロモドロなことを発言して、「すわ！　こいつアンドロ星人か!?」などと思われても、気にしない気にしないの一休さんになりきることです。

たぶん今のあなたは迫り来る面接のことを考えただけでどうしようもないほどに緊張してしまうのではないでしょうか。ボクも、デビューしてまだ何の実績もないのに、いきなりあるラジオ番組のパーソナリティに決まってしまい、番組放送開始日のことを考えると不安でしかたなく、約2カ月、不眠が続いたことがありました。

とにかく不安で眠れないのです。自分が、生放送で、全国の人々に話しかけるなど、どうしてできよう。そう思うと、どんどんおっかなくなって、ボクは部屋を飛び出し、深夜の街を意味なく走りまわったりしました。ほとんどノイローゼ状態なわけです。

それでも、放送日はついにやってきました。

ボクは、不良少年の間で密かにはやっていた、たくさん飲むと「いい気持ち」になるという、クスリ屋さんで売っているせき止めの薬をポケットに忍ばせ、ラジオ局に行きました。あまりの不安に、普通の状態で語ることなど不可能だと思ったボクは、クスリの力を借りたラリパッパ状態でなら、なんとかなるのではなかろうかと思ったのです。

ところが、不良少年の悪用防止のためか、その薬はどんなに振っても1滴か2滴ぐらいしか液体が出てこなくて、それぐらいでラリることなどもちろん無理なわけで、結局、ナチュラルな状態でボクはマイクの前に座ることになりました。あの時、もしあのクスリがドクドクとコップに流れ出していたら、今のボクはなかったでしょう。そう思うとゾッとします。

放送が始まってからは、1秒でも、いえ、0コンマ1秒でも間を空かさないために、ボクは機関銃のようにしゃべりまくりました。少しでも間を空けたら、それでもう何も言葉が出てこなくなるような気がして、しゃべりまくったわけです。

人間とは不思議なもので、窮地に立たされると、自分でも思ってもみなかった力が発揮されるようです。

逆にいうと、窮迫されないとその力は出ません。だからあなたも、怖くても自分から窮地に飛び込んで行けば、そのうち、信じられない力が自分の奥から湧き上がってくるはずです。場数です。

とにかく場数を踏む！　結構なんとかなるモノだ

なんとなく海外留学してみたい

（ファッション販売・21歳）

今、自分の生活がイヤでしかたがありません。ぬるま湯のような現状をどうにかしたいと思い、なんとなく、海外留学でもしようかな……と考えています。でも、いざ実際に海外留学をするとなると、いろいろな不安もあり、いまひとつ踏み切れません。こんなフラフラした状態から自分でも抜け出したいと思っているのですが……。

鶴田浩二の歌に「傷だらけの人生」という曲があります。右を向いても左を向いても、とんちきなやつばかりで、人生ってやつぁ真っ暗闇じゃないか――。という、何とも救いのない、哀しい歌詞です。

その当時の暗い世相を見事に切り取った、演歌というより、精神性としてはロック、パンクに近い大名作であると思います。鶴田浩二さんがもしもまだ生きていて、この平成の世を歌ったとしたら、「真っ暗闇」というよりも、「まっ白け」と表現するんじゃなかろうかなぁ、などとボクは思っています。

生きていくにはなんとかなっちゃうけれど、何をしたらいいのか？　自分の中に何もない。生きていくうえでのビジョンが何もない。温度も日当たりも良好だけど、家具のひとつもない真っ白な部屋にいるような毎日。今の貴女の生活は、きっとそんな感じではないでしょうか。「まっ白けの部屋」で生きる日々というのは、そこそこ快適であっても、あまり面白い生活とはいえませんよね。

そこであなたは、とりあえず何かひとつでも家具を置こうと考え、海外へ留学、という手段を思い立ったわけですね。

イーじゃないっスか!!　やるべきですよ！

今、あなたは、相談の文面にもあるように、「〜でもしてみようかな」ぐらいの気持ちでいるようですね。「海外留学でもしようかな。でもめんどくさそうだしなぁ、とりあえず、男でもつくろうかなぁ」程度に考えてるでしょう。

イカーン！　そんなんじゃイカーン！

せっかく、まっ白けな部屋に置く家具のメドが立ったのだから、ドーンと置いちゃえばいいじゃないですか。と、ボクは思います。見る前に跳べ！　ですよ。

しかも「プロレスラーになると決意した」とか「必ず火星人と結婚してやる」なんてトンデモないことではなく、たかだか海外留学なのだから、それがまっ白けの部屋に家具を置く足がかりになるかもしれないのだから、やっちゃうべきでしょう。

優柔不断なあなたの背をボクがエイヤッ！　と押してあげましょう。

旅は人を賢人にはしませんが、必ず発想の転換はさせてくれます。そして旅は、いきなり神にすがるとか人格改造セミナーに通うなんてのに比べて、前向きな自己改造の手段だと思います。

海外留学、思い切って行くべきでしょう。

見る前に跳べ！　ドーンといこう

マザコンの彼の両親と同居

（営業事務・28歳）

結婚の約束をしている彼がいます。だけどどうも彼マザコンのようなんです。先日、彼のご両親のところにご挨拶にうかがったのですが、お母様はかなり気丈な方でした。結婚したら、彼はひとりっ子なので同居しなければならないと思います。彼のことは大好きなのだけれど、彼のお母様とうまくやっていけるかどうかが心配です。

この場合、彼氏のマザーコンプレックスについては、それほど問題はないでしょう。いくらなんでも、ヒッチコックの『サイコ』におけるマザコン男、ノーマン・ベイツみたいにひどいわけじゃないんでしょう？　男なんて多かれ少なかれマザコンですから、その点はあまり気にせずともいいのではないでしょうか。

さて、問題は——。「お母様はかなり気丈な方」という部分につきるでしょう。

ああ、浮かびます、浮かびます。

「地獄へ落ちろと言って数珠で首をしめる鬼嫁！」

「何もできぬ虫ケラ女！　呪いの言葉を近所に言ってまわるバカッ姑！」といった筆舌に尽くしがたいまでの、血で血を洗う骨肉の争いが、そして、みのもんたの苦渋に満ち満ちた顔が……。

肩より低く頭をたれて申し上げるなら、今回ばかりはボクも何もアドバイスしてあげられません。どうにもこうにも解決策が見つからない。

嫁姑の争い。これを回避する最善策など、男のボクはまったくもってわからんのです。とにかく、男の立場からすれば、何故、必ず嫁と姑が不仲になるのか！　まずそれがわからない。

いくら他人同士とはいえ、嫁にとっては夫、姑にとっては息子という同じ一人の男によって巡り合った者同士じゃないですか。こんな縁はめったにあるもんじゃない。せっかくなら、その縁を大事にして、良き人生の友として仲良くやっていけばよいのに、ケンカするなんてバカバカしいなあ、と、男の立場からすれば本当にそう思います。

……でも、実際はそんな単純なもんじゃないのでしょうねぇ。

ボクの言っていることは、きっと女性からしてみれば、サルとイヌを連れてきて「同じ動物どうしなんだから仲良くしろ」と無理な注文をつけているようなものなのでしょうね。あるいはハブとマングースぐらいひどいものなのかもしれない。うーん、困りましたねぇ。

ボクが言えるのは、たとえサル山に飛び込むイヌの心境でも、そのサル山の中にどうしようもなく愛する者がいるのなら、危険を承知でエイヤッ！　と入っていくしかないでしょ。それだけしか言えません。

入ってみて、どうにもつらくてしかたなくて耐えきれなくなってしまったら、その時は、改めてみのもんたさんに相談してください。

はたして〝みのもんた〟に相談するしかないのか

恋をすると彼を追いつめてしまう

恋愛すると余裕がなくなってしまいます。いつも彼のことが頭から離れなくって、彼から電話がなかったり、電話をしてもいなかったりすると、いけないとはわかっていても、つい問い詰めてしまいます。そしていつも最後にはケンカになってしまうのです。私のこういうところが、彼もうとましいみたいで……。

（保母・26歳）

あなたのような女性をボクは、「ジメジメ女」と呼んでいます。秋の長雨のように、梅雨時のようにジメジメと恋人に文句やチェックの留守電を入れまくる恋愛依存症の女。悪いのですが、これほど男にとってやっかいな存在はありません。

「ねぇ、チューして」ぐらいならかわいいもんですが——。

「ねぇ、どこ行ってたの？」

「ねぇ、なんで休日に会ってくれないの」

「ねぇ、私のこと嫌いになったんでしょ」

「ねぇ、仕事と私と、どっちが大事!?」

「ねぇ、あたしの体だけが目的なんでしょ」

「ねぇ」「ねぇ」「ねぇ!!」

ああああああっ！　うっとうしい！　「ほな、どないせっちゅーねん」と頭をかきむしりたくなってしまいます。

さて、ジメジメ女はどうして恋愛にすがりつこうとするのでしょう。どうしてそれほどまで彼の愛を確かめたいのでしょう。

これは本当にボクの考えであって、必ずしもすべての人にあてはまるとは思えませんが、たぶん彼女らの、心の奥にある「自分は幼いころ父や母にかわいがってもらえなかった。甘え足りなかった」という無念の思いが、今、彼に甘えまくるきっかけになっているのではないでしょうか。

幼児期の心の傷は、その後の人生を大きく左右するといいます。「ジメジメ女」たちは、幼児期、両親に甘え足りなかったという心の傷を持ち、今になって、恋人にその傷をいやしてもらおうとしている「愛情欠乏症患者」なのではないかとボクは思うのです。

解決策として手っとり早いのは、いわゆる幼児プレイ……赤ちゃんごっこをして、ごっこの中で父親役、母親役の人に思いっ切り甘えてみることでしょう。

そんなバカな……という話ですが、効果は保証します。ごっこの中で幼児期を再体験するわけです。しかし現実問題として、女性向けの「幼児プレイ」を行っているところはないし（男性向け幼児プレイの店は現実に存在します）、彼氏に父親役をやってもらうのが最適とはいえ、逆に、そんなことを頼んだ日には、さらにうとましく思われる可能性もあるわけで……さてどうしたものでしょう。ひとつ考えられる手段は、あなたが彼に愛されていると思えた時の、彼の表情を覚えておいて、電話がこない日には、そっと心の中にその顔を思い出すことです。お守りの代わりになりますよ。

電話のない日は彼のこんな表情でガマン

上司が能力を認めてくれない

27歳の会社員です。ハッキリいって仕事もできるほうだと思っています。やりがいも感じています。ただ、上司に低く見られて困っています。お茶をいれたりするのはかまわないんですが、仕事を任せてもらえないんです。古い考えの人で、「女性だから」と思っているようです。ガツンと言ってやりたいんですが……。

（営業事務・27歳）

仕事の場において、男が女性と仕事をしたがらない、または女性に仕事を任せようとしない理由はいくつかあります。

①男と女は基本的に異なるものなので理解し合うことが不可能。だから仕事を一緒にしたくないし任せたくもない。

②男と女である以上、仕事の場とはいえ、自分（男）が相手に対し性的な衝動を抑えきれるとは言い切れない。不測の事態を前もって回避するためには、一緒に仕事はしない、仕事を任せない。

③女性はどうしたって男の一段下にあるものであり、また、そうあることが美しいのであり、下の位置にあるものに、男と同等の仕事などできるわけがないし、また任せられるわ

けがない。

②番について補足しますと、これは「無意識」のうちに意識していることであり、本人が気づかぬうちに防衛本能が働いて、「仕事を一緒にしない、任せたくない」という言動に至っているわけです。

さて、あなたの上司はいったい何番なのでしょうか？

あなたとしては、③番が原因にほかならないと思っているようですね？　「男尊女卑のレトロオヤジめ、コンチクショー！」とプンプン怒っていらっしゃるようですね。

でも、本当に上司は、その理由であなたに仕事を任せないのでしょうか？

もしかしたらそうではなく、①番の理由「男女相互理解は絶対的に不可能」信者であるのかもしれないですよ。

あるいは、もしかしたらもしかしたら、②番によるものだったとしたらどうでしょう。上司は、あなたの性的フェロモンにクラクラしていて、それであなたを遠ざけているのかもしれない。

まあ、いずれにせよ迷惑な話ですけれどもね。

ともかく、上司があなたに仕事を任せようとしない理由を、彼の男尊女卑主義によるものだと限定して考えないことがまず必要です。あなたがそう決めこんで上司と接しているうちは、彼とのコミュニケーションは成立しないでしょう。彼があなたに仕事を任せない理由を、先に述べた①番と②番の説も含め、いろいろな側面から考えてみましょう。

意外とどうでもいいようなことが理由だったり、じつはあなたの側に問題が見つかったりすることもないとはいえません。まず根本原因を見つけ、その時はハッキリと上司に不満を述べてはどうですか。

まずは冷静にいろいろな側面から理由を考えよう

友情が恋愛感情に変わって…

（営業・21歳）

いままで親友だと思っていた彼のことを好きになってしまいました。彼は私のことをいい友達と思っているようで、とても恋愛感情を感じている様子ではありません。気持ちを伝えたいとも思うのですが、この関係がこわれてしまうのも怖いのです。今、彼に恋人がいないことはわかっているのですが……。

友情から恋愛へ。うーん、成功しようと失敗しようと、ドキドキする素敵な賭けですねえ。

これには「マープ増毛法」でのぞむのがベストでしょう。

頭髪の薄くなった中年の課長が、ある日いきなりフサフサのカツラをかぶってきても何の説得力もないのと同じように、ある日突然、あなたが「実は一人の男性として、あなたを好きなの」とか言い出しても、彼にとっては寝耳に水、驚くばっかりで、受け止めようにも心が即座に反応できないはずです。

それより、時間をかけて、じっくりじっくり小出しに「想い」を伝えてゆくのです。まるで1本1本毛を増やしていくように、徐々に気持ちを明らかにしていくわけです。

まるで「高二コース」の恋愛相談みたいなアドバイスで恐縮なのですが、まず第一に必要なのは「対応の微妙な変化」でしょう。今までのあなただったらシャレで流してしまうような彼の発言に、きわめて真面目に対応してみるわけです。

たとえば——。

「オレとお前だって一応男と女なわけだからな、深い仲にならないとは言い切れないよな」

などと彼が酒の席で冗談めかして言ったとします。今までのあなただったら、「んなことないよ、無人島で二人っきりになったってないわ」ぐらいのことを言ってかわしていたでしょう。しかし、彼への友情が愛情へと変化してしまった現在のあなたに、そんな返答は意味がない。今こそ彼のハート（死語）をつかむチャンスなのです。

視線をふと落とし、テーブルに置かれた「つくね」の皿を見ながら、そっとつぶやきましょう。

「……うん……ないとは……いえないよね」

ポイントはこの「……」の部分です。この間が短くても長くてもいけない。短すぎると今までどおりのシャレ半分と思われ、長すぎれば彼はあなたの変化にとまどうよりも、「なんだ、聞こえなかったかな」と思い、「ビール2本と板ワサね！」などと追加オーダーを叫びかねません。

また、言い終わった後は静かに彼を見て、はにかんだような曖昧《あいまい》な笑顔を見せることもお忘れなく。これができれば友情から恋愛への移行は滞りなく成功するでしょう。

自信のない方は胃腸薬のCMに出てくる女の人を参考にするといいでしょう。ダンナの胃の調子にあれほど大げさな反応を示す女。

あのしらじらしい演技が逆に効くのです。

時間をかけて小出しに「想い」を伝えましょう

別れた彼から電話がきて…

（ファッション販売・19歳）

別れた彼が忘れられません。彼は3年前に他に好きな人ができたと言って私のもとから去っていきました。なのに最近ヒマだからといって電話がかかってきます。彼は今もその時の彼女と付き合っているというのに！　男の人ってヒマだと好きでもない人に電話するんですか？　私は、彼はまだ私のことが好きなのでは……と思いたいのですが。

別れた彼からのミステリアスなコール。

5つの理由が考えられます。

①新たな彼女との間が危機に陥り、古女房のあなたとの復縁を考えている。あなたの希望パターンですね。

②本当にただヒマなんでかけただけ。

③あなたの肉体が懐かしくなった。つまり久しぶりにあなたとセックスがしたい。

④ただ懐かしい。恋愛感情の再燃ではなく、あれからいろいろあっただろう古い友人と旧交を温めたい。同窓会的気分。

⑤セックスを頂点とする熱狂的恋愛はもういいから、友だちのような兄妹のような「ややこしいことのおこらない」関係を二人の間につくりたい。

さあて、昔の彼はいったい何番？

同性の立場から考えますと、こういう場合の男の心理は、自分でもはっきりと分析しかねる、①～⑤までが絡み合った曖昧な感情であることが、多いようです。

今の彼女への不満と、昔の彼女、そして過ぎ去った日々への懐かしさと、性欲と、感傷と、日常生活のストレスと、さまざまな感情が交錯して、昔の女性のテレフォンナンバーを押してしまうという行動をとってしまうわけです。

残念ながら、あなたの希望である、自分への彼の愛情復活、などという単純なものではないといえます。

しかしながら、彼の感情が①～⑤までの混合されたものであるということは、逆に発想を転換してみれば、①～⑤まで、いずれに転ぶこともありえるということになります。彼は自分でも①～⑤のどの感情を選択したものか迷っているところなわけです。それなら、その決定を、あなたが決めてしまえばいい。揺れ動く彼の心を、あなたが①の方向へ向かわせるのです。

まあ、言うのは簡単ですが、実際は大変な作業でしょう。けれど、まったく何もない心に恋愛の火を灯すわけではなく、5つの感情がすでにあり、それを1つに集約させるだけなのですから、可能性は高いのです。とにかく「もう一度」と彼に告白してみましょう。

そして彼がOKと言ったら、次に必要なのは、再び二人の間で以前同様のトラブルが発生したとき、同じ失敗をしないよう、彼に悪いところがあっても、以前つき合っていたときとは異なる言い方で、忠告・注文することです。

楽しいことは以前通り、悪い部分は違ったアプローチで接するのが再恋愛の秘訣です。

以前の恋の反省をすることが再恋愛の秘訣だ！

私の彼に好きな〝男〟ができた

（プランナー・28歳）

2年間つきあっていた彼に他に好きな人ができたといわれました。しかも彼はその相手と私が同じくらい好きだというのです。相手は誰なのかと問い詰めたらなんと男性だったんです。言われたときはもうショックでどうしていいかわからなかったんですが、やっぱり彼を手放したくありません。彼にもう一度私だけを見てもらうにはどうすればいいですか？

相手の男より美しくなることです。

しかしこれはむずかしい。とにかく男と女は、それぞれに発散するフェロモンが異なるわけですから、これは例えるなら、土俵の上でボクサーとレスラーが戦っているようなものです。戦ってるつもりでも、戦うスタイルがまるでかみ合っていない。勝負になりません。

ただいかにスタイルが異なろうとも、世界ヘビー級チャンプとレスラー歴1カ月のグリーンボーイが戦っていたら、チャンプの方が強いのは誰の目にも明らかですよね。

つまりそういうことです。

男でも女でも、美しく素敵なら、人はそちらになびくわけです。そしてこの場合は、「誰の目にも」ではなく「彼の目にだけ」美しく素敵であればよいのですから、「土俵上のボクシングVSプロレス」と比較したなら、それほどむずかしくはないのかもしれませんよ。

さて具体的にですが、まずは相手のリサーチからです。

男が男を好きになる。いわゆるホモですね。さて、相手の男性はいかなるライフスタイルの人物なのでしょうか。

①肉体は男だが精神は女。女装している場合もあり。

②肉体も精神も男。だけど男が好き。

③男も女もＯＫ。バイセクシュアル。

④まぎれもなく男。もちろん女が好き。

④番ならばラクですね。彼がその男を同性愛の道に引きずり込まない限りは二人の間に恋は生まれないわけですから。①番から③番までのやっかい度は同等でしょう。

どれもこれも、先に述べたように女性の美しさとは根本的に異なる比べようのないものです。

さあ困った、どうしましょう。

格闘技の世界では、最近特に、異種格闘技戦は無意味だと主張する人が多いようです。格闘技というくくりは同じでも、それぞれ勝敗の規準や目的がまるで違うのだから、競い合ってもしかたない。それぞれがそれぞれの格闘技で強さを磨けばよいのだというわけです。

美しさも同じです。男と女は異なるのだから、それぞれの魅力で輝けばよいのです。つまり、あなたは女なのだから、敵が異性ということを考えて、同じ土俵で戦わず、「女」にしかない自分の「女」の部分を磨いていけばよいのではないでしょうか。

相手が男なら、なおのこと「いい女」になる努力をすることです。

自分を磨いて、よりいい女になるしかない！

つまらないことで彼とケンカに

（一般事務・19歳）

つきあい始めて半年になる彼とケンカしています。理由は、私があるアーティストのファンだと言ったから。彼ったら「俺とそいつとどっちが好きなんだ」なんて、小学生でも言わないようなことを言いだして怒ってしまったのです。アーティストを好きな気持ちと彼を好きな気持ちとは、全然違うのに……。どうすればわかってもらえるんでしょう。

あんたが悪い。

あんたは男の気持ちを全然知らん。と、いきなり激しいつっ込みを入れてしまいましたが、男というのはあなたが考えるより何倍もヤキモチ焼きなものです。

「小学生でも言わないようなこと」ですって？　逆です。小学生はそんなこと言いません。小学校をはるか昔に卒業し、性欲も含め、女性を異性として考えられる大人であるからこそ、言ってしまうのです。「俺とあいつとどっちが好きなんだ」と。一見、「わたしと仕事と、どっちが大事なのよ」という定番中の定番困ったちゃんセリフと同程度にレベルの低い泣きごとに聞こえる言葉ですが、「仕事」と「自分」が明らかに比べようのない異質の意味を持った存在であるのに対し、「俺」と「アーティスト」は「あなたにとっての異性」という存在としては同類項に入ってしまうものなのですから、「俺とそいつ」の問題は彼にとって重要なのは当然のことでしょう。

あなたは、彼に対する想いとアーティストに対するそれは、まったくもって別のものだと反論するでしょう。しかし、ボクも最近やっと気付いたのですが、どうやらこの世の中で、つきあっている男に向かって、「自分は、○○という異性がとても好きだ」と発言した時に、二人の間に問題が生じないのは、肉親、亡くなった人、赤ちゃん、あるいは枯れきった老人への「とても好き」という気持ちだけなようです。それ以外は、たとえアーティストであろうと、おすもうさんであろうと、公認会計士であろうと、男は「何ィ？」と思うものなのです。これは基本の基本です。

彼氏のあなたに対する怒りは、まず本能ともいえるこのヤキモチに始まって、次に「なんでこの女はそんなこともわからんのだ？」という疑問を生み、「こいつ、失礼なヤツなんじゃねーか？」という蔑みの感情までが生じ、やがて破局へと達することは必至です。あなたが彼に「あなたへの気持ちと、アーティストに対するファン心理」をいくら説明したところで、理屈ではなく、本能で基本のヤキモチなのだから、とりつくしまなどあるはずもないのです。

もし別れたくないなら、隠れキリシタンのごとき「コッソリファン」を始めることでしょう。

（あなたの好きなアーティストが、誰が見てもブ男だったり、ジーさんだったり、もてなさそうな男であるなら、彼の方が偏執的恋人独占男です。この場合はきっぱり別れて、ドードーとファンを続けるべきでしょう）

あなたが悪い！　もっと男心を理解してあげましょう

セクハラ上司に困ってます

会社の上司がイヤラシくて困っています。最初は気のせいかと思っていたのですが、最近ではワザと私に残業をさせて二人きりの時に肩をなでまわされました。それ以来二人きりになるような残業はしないようにしていますが、飲みに行こうなどと誘われると寒気がします。この人がいるだけで会社に行きたくなくなります。なんか言ってやりたいんですが……。

（営業事務・24歳）

男の性欲とは赤いケープめがけて突進する猛牛のようなものなのでしょうか。それとも、密室のごくわずかなすき間からでも魔法のように忍びよる毒蛇にたとえた方がピッタリはまるのでしょうか。

どちらにせよ、困ったやっかいものであることは、女性よりも他ならぬ男自身の方がわかっていることなのです。わかっちゃいるけど……ってやつです。

話がそれました。で、男の性欲がウシかヘビかという問題についてですが、上司の場合、そのねちっこい迫り方から言って、やはり後者なのではありますまいか。

ヘビと戦うならば、これはもう東京コミックショーを呼んできてですねぇー、「レッド・スネーク・カモン」などと笛を吹いてもらって、上司がニョロニョロと出てきたところを紙袋に押し込んで、コンクリートの壁にビターン、バターン！　とぶっつけて息の根を断つ！　なんてのがよいんじゃないかと思うんですけど……。こんな観念的な回答じゃだめでしょうねぇ（どこが観念的やねん）。

そうですねぇ、どうしたもんですかねぇ。

ひとつこれをやれば確実に上司の魔手から逃れられるという手段があります。あえて残業をするのです。上司と二人っきりになる時間をわざとつくるのです。そしてソロソロと上司がいやらしフェロモンを発散させ始めたあたりで行動です。

まず、生まれたばかりのおシャカさまのように、人差し指を1本ピンと立てます。

次に、その指を自分の顔に近づけるのです。

そして、一気に！　ズズズズッ！　とばかりにその指を鼻の穴につっ込み、これでもかこれでもかとほじるのです。恥も外聞も忘れ一心不乱にほじってほじってほじりまくるのです。

……男の性欲というのは、ガスではち切れそうなゴム風船に似ています。ほんのささいなことで穴があき、さっきまでパンパンだった風船から一瞬に気が抜けてシュルシュルと縮んでしまうものなのです。いきなり鼻クソほじりを目前で見せられては、いかなるエロマンであろうともリビドーをキープできるものではありません。

冗談みたいですが効果はテキメン、間違いなしです。

もしそんなことできない！　というのなら、お近くの女性保護団体に連絡をするのが手っとり早いのではありますまいか。

再度二人きりになり突然トンデモナイ行動にでる！

オカルトな彼をどうしたらいい？

（オペレーター・20歳）

私の彼はよく幽霊を見る、いわゆる〝霊感体質〟の人です。私はあまりそういった話は信じないいんですが、彼とは今までうまくやってきました。でも最近、彼が私に悪い霊がついていると言いだしてお祓《はら》いに行けってうるさいんです。私は全然そんなこと感じないし、ほっておいてほしいのに……こんなとき、どうすればいいんでしょう。

やー、うれしーなー！

ボクは三度の飯より「超常現象」ってやつが大好きなのですよ。UFOを筆頭に、幽霊、悪魔、魔術、妖精、妖怪、異次元、死後世界、ミステリーサークルに至るまで、この手のアヤシオドロフシギものに、もう目がない。

といっても、ボクはバリバリのオカルト盲信者ではありません。かといってゲシゲシの西洋合理主義者なわけでもありません。不思議現象のそれぞれを、ニュートラルな立場で面白がるようにしています。

さて彼氏についてですが、この場合、あなたは西洋合理主義の立場で対した方が賢明であると思います。

というのは、オカルト信者の立場をとり、あなたが彼の言う通りお祓いに行ったりしたなら、彼は図に乗ってさらにわけのわからない注文をしてくるに違いないからです。

仮に彼氏の霊感というものが本当にあったとしても、それを生業としているプロではないのですから、そんなに当てにするほどの力ではないでしょう。また、合理主義で見た場合、彼の脳になんらかの異常があるということも考えられます。

側頭葉異常などによる幻覚は、夢幻様状態といって、ドラッグを服用した時のような不可思議な、サイケデリックなものであり、つまり、自称霊感人間いうところの「霊界」などにもよく似ているわけです。

幻覚としてミステリアスな映像を見て、それを「霊界」とみるか「妖精の世界」とみるか、はたまた「月世界」と認識するかはその人の育ってきた環境や信心する宗教の影響によると考えられます。

もしかしたらの話ですが、彼は脳異常による夢幻様状態を、「霊界とのコンタクト」と思い込んでいるだけなのかもしれません。もしかしたらですけどね、可能性がないわけではないので、一度病院に連れて行ってあげるのもひとつの愛情といえましょう。

もうひとつ考えられるのは、彼があなたに対し優越感を持ちたい、あなたより立場として上にありたいと無意識に強く思い、しかしその手段が現実の中で何もないので、「霊感」という非現実的な力を自分が持っているという思い込み、または虚言でまかなおうとしているのでは、ということです。実は、ボクはこれが可能性として一番高いのではないかと思います。お祓いに行く前に、二人の関係をもう一度見直す必要があるのでは？

とことん合理主義者の立場で接するようにしてみる

男性とうまく話ができなくて

（一般事務・年齢不明）

男性とうまく話ができなくて困っています。今も彼はいませんし、はっきりいって男性は苦手。だからってレズだというわけではないんですが、普通に男性と話すこともままなりません。特に好きになった人に対しては、気持ちと正反対に嫌われるようなことばかりしてしまいます。こんな私、いったいどうしたらいいんでしょう。

対異性コミュニケーション不全症。

わかります。わかりますその苦しみ。

なぜならば、ほかならぬこの筆者めも、中学・高校時代およそ10年もの長きにわたって、「ホモじゃないけど女の子とうまくおしゃべりできない！」という暗闇的状況の中に生きてきたからなのです。

いま思うに、あれは要するに肥大した自意識、つまりは自意識過剰の裏返しによる負の状態だったのでしょう。

「異性とおしゃべりしたい。女の子と会話を交わしたい」という思いが強いあまり、「会話」の前に「異性と向かい合っている」状況ばかりが意識され、考えがまとまらない、まともなことがしゃべれない。

「大槻君、きょうは、いいお天気ね」

「エッ！　あっ！　ああ！　ヘモグロビンの研究は困難を極めるねえ！」

などと。

禅問答もシュール劇もふっとぶアンポンタンな返事をしてしまう。

これはもう、自意識過剰のなせるワザ以外の何物でもありません。

あなたがおいくつなのかはわかりませんが、普通、こういった悩みは、自我が完全に形成されていない思春期の少年少女特有のものです。

きっとあなたは、まだ異性に対して、さまざまな「夢」を抱いている純粋な女性なのでしょうね。夢を持つのは大いに結構ですが、いつまでも少女のように自意識過剰でいるのはあまり賢明な生き方とは思えません。

あなたが今、一番に気づくべきことは「自分が思うほど相手は自分のことを考えてなどいない」という事実ではないでしょうか。

好きな人に対して「気持ちと正反対に嫌われるようなことばかりしてしまいます」とあなたは嘆いていますが、これもあなたの自意識過剰なのではないでしょうか。

あなたが思うほど、彼氏はあなたの一挙手一投足に関心を持って見つめているわけないですよ。ごく普通に考えてね。対異性コミュニケーション不全症は、自意識過剰による「ひとり相撲」なのです。

異性と接する時、何よりもまず「自分が思うほど相手は自分のことを考えてなどいない」と心で思いましょう。

それと深呼吸を大きくひとつ。

これで万事ＯＫです。


思うほど人は自分のことを気にしていない。気をラクに

職場でいじめにあっている私

（一般事務・25歳）

職場でいじめにあっています。10月の異動で本社から支店に移ったのですが、そこにはお局《つぼね》さまが。「都心にいた人にはこーんな田舎つまんないでしょう」に始まって、服装のことから、果てはお茶の飲み方まで、ネチネチと言われるんです。でもこんなことで会社を辞めたくないし、なんとか逆襲してやりたいんですが……。


空手をやりましょう。

極真、士道館、糸東流、剛柔流、正道会館……。

心身の鍛練にはまず空手です。

イヤな同僚を正拳五段突きでやっつけましょう。

……なんてのはもちろん冗談なんすけどもね。

さて、いじめにあっていると。うーん、どうしたもんでしょうね。ひとつ考えられる方法は、まず「自我」を否定してみることではないでしょうか。

コギト・エルゴスム……我思うゆえに我あり……と言ったのはデカルトですが、デカルトもびっくり！　この自我さえも捨ててしまうのです。

「いじめにあってイヤだ」

「どうもあいつが好きになれない」

「こんな人たちといっしょにやっていく自信がない」

などなど。

結局、人とのコミュニケーション上に派生する悩みの根本原因は、「自分は」と思う自我の強さからきているのではないか、とボクは最近思うのです。

自分というものを意識し過ぎるから、対人神経過敏になって、ちょっと触れられただけでも、「ギャーッ」と叫んでしまうというわけです。

「自分というものはない」そこまでつきつめなくとも「自分というものは、それほどのものではない」と考えれば、人が自分のことをどう思っていようと、どう思われていようと、愛されようと憎まれようと、たいして気にならなくなるはずです。

「我思うゆえに我あり」を、ちょっとだけ変化させてしまうのです。たとえば――。

「我思うけど、我あんまり考えず」とかね。

この「自我」をも捨ててしまえという発想は、実を言うと、ボクのオリジナルではありません。

最近読んだ般若心経に関する本の、簡単に言えば、パワーなのです。「自我をも捨てる」という発想には、ボクも恐れ入ってしまいました。

しかし、一理も二理もあるなとも思いました。

まったく……大昔の人というのは、すごいことを考えるものです。

「自我をも捨てる」

これで全ての悩みは解決です。

とはいえ、実際どうやりゃ、捨てられるのか？　そこらへんは、筆者もまだわかっていません。

「自我をも捨てる」発想をもってみる

彼と早く結婚したい！

（営業・28歳）

今、ものすごく「結婚したい！」と思う人がいます。彼とはもう3年つきあっていて、彼の考えることはわかっているつもりです。でも彼にもやりたいことがあるようで、結婚なんて全然考えていない様子。そんな彼を見てると、私も結婚してとは言いだせなくて……。なんとかうまく彼にも結婚を考えさせる方法ってないんでしょうか。


この相談室もこれが最後となりました。

今まで、あまりにもあまりな回答ばかりしてきたように思います。

皆さん、どうもスミマセンでした。

スミマセンついでに、（ついでといっちゃあんまりか）ラストの御質問にも、あまりにもあまりなお答えをさせていただこうと思います。

彼にやりたいことがある場合、結婚は待ったほうがいいと思います。というか、待つべきです。

彼のやりたいことが失敗に終わった時、結婚したことが失敗の言い訳にされてしまう可能性が高いからです。

「家庭のことが気になって集中できなかった」

「結婚したためにやりたいことができなくなった」

「結婚したのが失敗だった」

「結婚したいと言いだしたのは誰だ？　君だ」

「君が悪い！」

と。

風が吹けばオケ屋がもうかる式に、やがて責任はあなたに転嫁されていくのです。

えっ？　私の彼はそんな人じゃないですって。

いえいえ、そんなもんです。

「やりたいことがある男」というものは、えてして自己中心的な考えをもつものなのです。

そして、幼児的な性格の持ち主であることも多いのです。

何でそんなことがわかるんだって？

他ならぬ、この筆者がそういう男の代表だからです。

「やりたいことがある男」の欠点を、誰よりもボクはよく知っています。だから忠告しているのです。

「やりたいことがある男」は、間違いなく自己中心的で幼児的であるといえます。そして打たれ弱い。何か失敗をおかした時、すぐに責任を誰かに押しつけようとするのです。

恋人と結婚は、かっこうのいけにえといえます。

だから、もう少しだけ待ちましょう。

彼が、自分の目的に一歩でも近づくまで、ちょっと待ってあげましょう。

それができないから相談しているわけなのでしょうけれども、ボクとしては、「待つべし」としか答えようがないのです。

待ちましょう。待って待って待ち続けて、彼がやりたいことに失敗した時に、そっと、「結婚という逃げ場もあるのよ」と耳元でささやけばＯＫですよ。

彼が失敗するまで待って、結婚をささやくべし

SPECIAL TALK !

性とは内的世界の融合なのだ

代々木　忠（よよぎ・ただし）AV監督

38年、福岡県生まれ。華道、極道の世界を経てピンク映画界へ。現在はAV界の巨匠として、真実のオーガズム・自己の解放を描いた映像作品を発表し続ける。著書に『プラトニック・アニマル』『オープン・ハート』『色即是空』など

AVの現場、その深淵

大　槻●今日はまず、お会いできて光栄です。

代々木●いや、こちらこそ。

大　槻●いえ。もう何がうれしいって、お声がビデオで観ているとおりなので。ビデオで聞いている声の、「ああ、あのお声が……」と思うと、それがなによりうれしかったんですけど。

代々木●「可愛いね」ってやつ？　「可愛いね。血液型、何型？」って？

大　槻●そうそうそう。

代々木●「オナニーしてる？」（笑）

大　槻●いいなあ。うわあ。クラクラくるなあ（笑）。ぼくが最初に監督の作品を見たのはたぶん高校生くらいだと思います。ぼくねえ、すごい憶えてる作品があるんですよ。ＳＭもので、一人の女の子をＳＭ嬢に仕立て上げていくんですが——。えーと、何ていったかな——そう、『好奇心』の、『２』ですわ。

代々木●『好奇心２』、よく見てるねえ。

大　槻●はい。あのねえ、ぼくの記憶ではねえ、サエキリカっていう女性でした。ちょっと太めの女の子で。

代々木●はいはいはい、ほとんど何も考えてない人。

大　槻●そうです！　それなんです！　ぼくねえ、あれはねえ、どんなホラー映画よりも怖いなあ、と思ったんです。

代々木●あの人は怖かったですね（笑）。

大　槻●監督が、「リカちゃんは将来どうなりたいの？」「はい、女優になりたいです」「じゃあ女優になるためにいろんなことをするわけだね？」「はい、します」——で、されたことが、いわゆる縛り、ロウソク、浣腸、逆さ吊りですよね。

代々木●そうそう。あのあたりからぼくのビデオってヌケないビデオになっていっちゃったんだよね。
大　槻●そうでしたねえ。
代々木●ヌクつもりで、ほら、ティッシュ用意してても——。
大　槻●ドラマ性というか、そっちのほうに見入っちゃうわけですよ。
代々木●そうそう、で、だんだん暗くなっちゃったりして。
大　槻●で、作品の話ですが、彼女はずっともういやがってるわけですよね。ぜんぜん恍惚とせずにいやがっていて、でもインタビューされるたびに、「ええ、でも女優になるためですから」って言う。浣腸をされたり逆さに縛り上げられたりロウソクを垂らされたりすることが女優へのステップだと、もう本当に信じちゃってるわけですよね。それをどんどん監督が暴いていっちゃうんですよ。
代々木●うん、あれはつらいよね。
大　槻●つらいんですか？
代々木●つらいですよ。
大　槻●そうですか。
代々木●いや、それはつらいですよ。ほんとにSMしたい人をやってるんならこっちもやっぱり楽しいよ。**「わたしをぜんぶ破壊してほしい」**とかね、「それで燃えちゃう」とかさ、それは楽しいですよ。向こうはやってほしいんだから。ところが彼女はやってほしくないわけじゃない？　有名になりたいために来てるわけじゃない？　つまりオレと仕事をしたいわけじゃないわけよ。心は「有名」のところに行っちゃってるわけだから。だんだん腹が立ってくるよね（笑）。

大　槻●あの作品のラスト・シーンは、そのリカちゃんがまたインタビューを受けていて、けっきょく調教されなかったんですが、「じゃああなたはこれからどうするんですか？」「はい、女優になります」。で、監督がけっこう冷たーいトーンで、「きっとあなたはいい女優さんになれると思いますよ」……そう言って終わっちゃうんですよね。

代々木●よく憶えてるねえ。

大　槻●いや、もうすごい衝撃でしたから、あれは。ヒエ〜ッと思って。

代々木●あの頃はねえ、かなりそういう子に腹立ててたのね。

大　槻●だってそういう人ばっかりだったでしょう？（笑）

代々木●うん、来るのはね。おれと仕事をしたいとか、ビデオに出たいんじゃないわけ。有名になりたいわけよ。その手段としてビデオに出てる。**心ここにあらず**だから。

大　槻●まあ例外的な例外として飯島愛さんみたいなパターンもありますけど、アダルト・ビデオの女優さんからバラエティーの世界に出たりとかってことは、まずないじゃないですか——。

代々木●ないですね。

大　槻●しかし彼女たちは、それを信じて疑わないでしょう？

代々木●うん。プロダクションが悪いんだね。プロダクションがそういうふうに言っちゃうのね、きっと。

大　槻●しかしプロダクションが言っても、それを信じちゃう女の子っていうのはどうなんでしょうね。

代々木●うん、もう、バカだね。

大　槻●ははあ。ミもフタもないですけど、そうですか（笑）。

代々木●うん、はっきり言ってね。だけど最近そういうバカは多いよね。

大　槻●最近も多いですか。

代々木●多いです。ほんっとに多いね。「男優がイカしてくれる」「**代々木忠のところへ行きゃあなんとかオーガズムを体験できる**」「ビデオに出れば有名になれる」――**テメエで考えて有名になれ！**　と言いたいよね。自分が無いわけ、まったく自分が無いのね。ぜんぶ他力依存。

大　槻●なんとかしてくれるだろう、という。

代々木●そういう女にかぎって、彼氏が優しくしてくんないとか、冷たいとか、とにかく**ぜんぶ他人のせい**ね、自分で何かを創りあげようというのがまったくないわけ。

大　槻●でも、あるとき自分に気づいちゃったりとか。「あっ、これじゃあダメだ」って気づく子もいるんですか？　なかには。

代々木●たまにいるよね。だからやっぱり感情的な刺激、**泣くとこまで残酷に追い込んでいったとき何か見える**よね。そのときに感情が出てくる。

大　槻●Hの最中にトラウマが出てきちゃうということはたくさんあるんですか。

代々木●ありますね。

大　槻●子供の——ちょっと話は流れてますけど——子供の頃にたとえば犯されたとか、性的虐待を受けた、でもそれで逆に、「Hなんかなんでもない」という淫乱症みたいな女性になってしまった、という人もいますか、やっぱり。

代々木●うーん、どう言ったらいいのかなあ。

大　槻●性を拒絶するのの逆で、「性なんて大したことないわよ」というふうになって、「あたしは誰とでもできるの」ってなっちゃう女性、つまり「子供の頃に受けた性的虐待もそんな大したことじゃないの」って自己洗脳しているような女性——。

代々木●ああ、それに近いようなのはあるよね。**200人、300人とヤッてる**、でも本人がしてない。

大　槻●え？

代々木●本人がしてない、というか、どう言ったらいいのかね？　おれたちの世界ではそれを**「カラミ」**って言うんだけどね。「セックス」とは言わないのね。相手の目も見ない、アソコの快感だけ。つまり相手の体を使ったマスターベーションみたいなものだから、それは「セックス」じゃないよね。

大　槻●ははあ。はいはい。

代々木●このまえ姉妹を撮ったんだけど、**妹さんのほうが300人**を超えてるのね。で、姉さんのほうは、「あたしは**まだ200人**までいってないわ」って言うの。

大　槻●競ってんですか、姉妹で（笑）。いやー、いろんな人がいるもんだ。

代々木●これはさすがの**チョコボール向井**が途中でしぼんじゃうね。

大　槻●あの男優、チョコボールさんがしぼんじゃった！（笑）

代々木●「なんか、**壁としてるみたいだ**」って言うんです。目も見てくれない、とりあえず「もっともっと」って言うだけで、声は出してるんだけど、そこにいない。

大　槻●「ぬり壁」みたいなもんですね。

代々木●そう。「おれだって壁とやったら絶対しぼむよ」と彼は言ってた。

大　槻●ははあ。

代々木●でもそういうふうになるのも、本人が悪いんじゃなくて、やっぱり幼児期に何かあったんだと思うの。それで本人は閉じこもっちゃってる。で、頭の中だけでしてるよね。

イケない女の子は腹式呼吸ができない⁉

大　槻●監督は『オープン・ハート』と『プラトニック・アニマル』、その他にもいろんな本を出されてますけれども、その中で、とにかくいったんセックスの場において、どんどんイヤらしいことを言ったりすることによって自分を壊せ、いままでの自分の常識を壊せ、そうして壊したとき、自我というものを解放してエクスタシーの状態に達するのである、と──。

代々木●なんか難しいこと言ってんね、おれ（笑）。

大　槻●いや、それがね、つまりこれ、統一教会とかオウム真理教なんかの、あと人格改造セミナーですよね、あれの洗脳のテクニックといっしょだなあ、とぼくは思ったんですよ。催眠術もそうですよね？　催眠術の方法っていうのも結局、いろいろありますけど、まず自我というものを壊しちゃって、その下にある無意識──自我の下に無意識っていうものがあって、その無意識はとても被暗示性っていうんですか？　「こうだよ」って言えば「こうなのね」って思っちゃう被暗示性が強くて──その部分を出しちゃえば人はどういうふうにでももっていける、というのは、マーチン・セント・ジェームスとかがやってた方法ですよね。宗教とかはそこに自分の教義を吹き込んじゃうわけですけど、オウム真理教なんかも。

で、Hにおいてはそこで、「ほら、気持ちいいだろ？　これがオーガズムだよ」ということを、洗脳でこう、吹き込んじゃうわけですよね？

代々木●そういう方法がひとつあるよね。おれもある時期まではそういうことでいけると思ってたの。暗示でそのとおりになるんだ、と思ったら──そうじゃないね。

大　槻●違いますか。

代々木●うん、それだけじゃない。それで最近ね、呼吸法をちょっと覚えて。**「あげまん呼吸法」**ってね。

大　槻●いやあ、その、もうちょっといいネーミングはなかったのかという（笑）。

代々木●いや、おれのことだからその程度なのよ（笑）。でね、この呼吸をやるとね、**トラウマ**がたまってる人は出てきちゃうね。「ウソつき！」だとか、「殺してやる」とかね。

大　槻●あの、70年代に、ドラッグはちょっとヤバイから自然な方法でナチュラル・ハイになろう、じゃあドラッグと同じ効果をもたらすには何がいいか？　というときに出てきたのも、やっぱり呼吸法ですよね。

代々木●うん、**ブレス・ワーク**なんて、いろんなところでよくやってるじゃない？　それをだいたいまずやるのね。速い呼吸で、ハッ、ハッ、ハッ、ハッ……ていう呼吸をやったり。で、そこである程度ブッ飛んだときに、あの――**蟻の門渡《とわた》りってわかる？**　そこを意識して、アゴの力を抜いて、はあー……はあー……ちょっと声を出してみてください。この呼吸をつづけると無茶苦茶感じてきて、腰使いだしちゃうんですよ。

大　槻●でも、まず、腹式呼吸でハッ、ハッ、ハッ、ハッてやってるうちに、脳が酸欠になりますよね？

代々木●「過換気症候群」っていう状態になるね。

大　槻●そこでまずブッ飛びますよね？　その状態っていうのが非常に深層心理を出しやすい状態だと。

代々木●そう、いままではね、そこで終わってたのよ。**でもおれの場合はほら、エッチ屋だから――**。

大　槻●……エッチ屋って、いいですねえ（笑）。「エッチ屋」、うーん、いいなあ。素晴らしい。

代々木●（笑）で、そこでアソコを意識してもらうの。そうするとね、すごい感じてくるよね。もちろんここでは絶対的な安心状態が必要だから、揺らぎない安心感、ほんっとに安心してる状態をつくってあげるの。何をしても、**ここであたしがオシッコをもらしたとしてもこの人は絶対あたしをバカにしない**、という。

大　槻●信頼感ですね。

代々木●そういう関係が絶対必要、前提条件としてね。そうすると感じてくるんですね。

大　槻●ほほー。

代々木●そしてそのままの状態でエネルギーが上にあがってくると、どんなものも出てきちゃう。

大　槻●たとえばそこで、とんでもないことを言いだす人もいるんですか？

代々木●言いだしますよ、これは。

大　槻●「あたしは3歳のときレティクル座星人に連れ去られて……」とか、「脳に器具を埋め込まれて……」みたいなことを（笑）。

代々木●なんかやっぱり変なねえ、わけのわかんないことをしゃべくる。**これは地球の言葉ではないな**、というような。

大　槻●ぼく1回「くるぐる使い」という小説で書いたこともあるんですけど、なんか監督のやってらっしゃることというのは、いわゆる「理性の下の深層心理を出す」という作業ですよね？　でもむかしのシャーマン、巫女さんをつくるときの方法というのもやはりそれと似ていると思うんです。周りで護摩を焚いたりなんかして、多感な女の子にあれこれあれこれ言って理性をとっぱらっちゃう。そうすると彼女は何語ともつかない言葉をしゃべりだしたりとかするわけですよね。でも、それっていうのは、つまり、ちょっと脳の状態をおかしくする、「アタマをおかしくさせる」作業でもあるわけですよね？

代々木●おれ、ヤバイことやってるよね（笑）。

大　槻●やってますよぉ！（笑）だってそこで「行っちゃう」人もいるでしょう？　いわゆるもう、この世ならざる、「電波系」の人っていうんですか？（笑）それになっちゃう場合もあるんじゃないですか？

代々木●そうね、よそのSMの現場でおかしくなったのが一人だけいるね。帰ってこなくなった人が。

大　槻●それ、どうなっちゃったんですか？

代々木●いや、でもね、よそでSMで吊るされておかしくなったんだと、おれは信じたいの（笑）。……でもね、呼吸はね、ほんとにすごいですよ。そして呼吸でバカにできないのはね、**イケない女の子は腹式呼吸ができないね。**

大　槻●そうですか。

代々木●うん、**「あげまん」**っていうのは男を出世させるっていうけどね、たしかに男は自信がつくじゃないですか。イッてくんないとさあ、ひと晩じゅうやってもイッてくんなくて「もっともっと」じゃね、これはコタエるよね。

大　槻●あれはコタエますね、コタエます（笑）。

代々木●（笑）イッてくれると自信がつくね、すげえ自信がつく。「おれはスゴいんじゃないか？」と。「おれはひょっとしたら**コーマンの芸術家**じゃねえか？」と。

大　槻●思います、思います（笑）。

代々木●そういうときあるよね？　これなら頑張るよね、その子のために。

大　槻●頑張ります。「こんなに喜んでくれるんだったらオレはやるよ！」って（笑）、ほめられ上手っていうか。

代々木●そうそう、朝までがんばっちゃうもんね。

大　槻●それってでも、最初にぼく「あの……きみ、芝居してない？」って聞いちゃうんですよ（笑）、「それ、演技でしょ？」って。「いや、演技じゃないから」「じゃーあ頑張りましょう」ってなる。

代々木●そういうふうになってくれると、男はがんばるんだよね。

大　槻●これ、逆の場合はどうなんですかね？　男のほうもしているときに、「最高だーっ！」とか、「うーむっ、これがっ！」とか言うと、女性もやる気になるんでしょうかね？

代々木●おれはねえ、下品にさせちゃうの。

大　槻●ははあ。「これだけおまえは下品かあーっ」というようなことを——。

代々木●うん。とことん下品にしちゃうのね。

大　槻●いや、若い頃ね、下品にされたがってる女性とHしたんですよ。ええ、ハタチぐらいのときです。「もっとなんか汚い言葉を言って！」みたいなね。でもそのときはやっぱりHしはじめだから、言葉が出ないじゃないですか。だから「う〜む」「う〜む」って、ほんとにねえ、出ないです（笑）。

代々木●いや、「言葉」ってすごいよね。下品になれないってことはまだプライドがあるわけだから。**オーガズムってプライドの死だから。**そこからの世界じゃない？　だからどんな刺激を与えようと、どんな**デカマラ**ぶっつけようと、ダメよね。

大　槻●「デカマラ」とか言えなかったもん（笑）。「おれのデカマラはどうだっ！」とか言えば、たぶん彼女は「あ〜、デカマラ〜」って喜んだと思うんですが（笑）、やっぱりねえ、言えなかったッスよ。

代々木●そういう物理的な刺激じゃイカなくなってるわけよ。

大　槻●はいはいはい、物理じゃなく、もうメンタルな部分で。

代々木●感情的に揺さぶっちゃう。

大　槻●そこを探ることですよね。彼女は何と言われたがっているか、あるいは、自分を突き破って何と言いたがっているか。

代々木●だから思い切って言っちゃうのね、「おまえは**スケベ**だ」とかね。とりあえず相手の傷つくようなことを言っちゃうんですよ。

大　槻●傷つくことを言っちゃうんですか。

代々木●言っちゃうんです。で、そこで傷ついて別れたら気がないよね。逆の言い方をすると、**好きな人だったら何を言われてもいいし、もっとヒドイこと言ってほしいわけじゃない？**テンション上がっちゃってると何言われても喜んじゃうわけだよ。もっとイヤラシイことを言ってほしい、と。だけどこれ、タイプじゃなかったらもうひと言でダメだよね。「フザけんじゃないわよ、あたしを誰だと思ってるのよ！」って、ビンタが来ますよ、バチーンと。

大　槻●そこを探り探り、ですか。それともいきなりボーンと言っちゃっていい？

代々木●もういきなりいくからね、おれは。だからかなり殴られてるよね（笑）。それはビデオには絶対出さないけどね。そこはおれが編集権持ってるから、ぜんぶカットしちゃう（笑）。

大　槻●え？　そうなんですか？　じゃあじつは、あの舞台裏ではもっとすごいことが（笑）。ＮＧ集があるんですか。あのジャッキー・チェンの映画のエンディング・ロールを超えるような（笑）。

代々木●そうそうそう、もう土下座しちゃったりね（笑）。

大　槻●「ゴメンナサイ」なんて言ったり（笑）。

代々木●「お願いだからオナニーしてください」とかね（笑）。

マグロ男はイカン！

代々木●いきなりだけどさあ、女の子にこう、フェラチオなんかされるとよがっちゃうほう？

大　槻●いや、おれ──。

代々木●絶対あなた、声出すと思う（笑）。

大　槻●いやいやいやいや、いやいやいやいやいやいやいや（笑）。

代々木●いや、この前ね、3日ぐらい前に斎藤綾子さんと対談やったの。彼女30いくつなんだけどね、「30代の女性が、男でいちばん魅力を感じるのはどこ？」って聞いたらね、「男の中に女の部分があるところ」って。

大　槻●はあ。

代々木●それのない男はダメだって。

大　槻●ははあ。

代々木●男優も最近、フェラチオされてよがる男優が人気が出てきてるんだよね。

大　槻●むかしはなんか、「ゴルゴ13」系が流行ってたじゃないですか。

代々木●そうそうそう。

大　槻●とにかくこう、いま読むと笑いますけど、ゴルゴはフェラチオされながらこういう顔してんですよね（腕組みをし、ゴルゴの顔マネ）。で、国家機密のこととか考えてる。「それ、楽しいのか？」っていうね（笑）。

代々木●一時そういうのがあったんだけど、いまはもうそういうのは「おとといいらっしゃい」なのね。

大　槻●ゴルゴは「おとといいらっしゃい」（笑）――ゴルゴはダメっスかあ。

代々木●（笑）声を出さなきゃダメ。

大　槻●ああ、でもわかるなあ。

代々木●男っつうのは女の子がよがったりすると征服感みたいなものがあるじゃない。満足しちゃうじゃない。「おれはヤッちゃった！　イカせた！」みたいな。でも女の人はそうじゃないの。**共鳴しちゃうの。いっしょに感じて泣いちゃうの――**。

大　槻●ははあ。

代々木●これ最近わかったの。征服感にならないんですよ。うれしい、と言うんです。

大　槻●これは女性にはまずわからないと思うんですが、男はHしてるときに何が楽しいかっていうと、その「征服感」の喜びってありますよね。

代々木●圧倒的に多いね。

大　槻●「この女性を征服している」という、支配欲っていうんですかねえ。これはもう確実にありますよね。だからあの、いわゆるブサイクな、まあ女性の美しい醜いは定義がありませんけど、わりと「ブス専」と呼ばれている男の人の心理というのはたぶんこうじゃないかなあと思うんです、「こんな可愛くない女の子を可愛がっているオレは、男として優越感に満ちている」という気持ちなんじゃないですかねえ。

代々木●それはあるね。それもあるし、いくらきれいでもね、**マグロ状態**は泣きたくなる。

大　槻●マグロ！（笑）

代々木●最近は女の子が、**「マグロ男はおとといいらっしゃい」**と言ってるから（笑）。

大　槻●マグロ男っ！　そうですよ！「マグロ女はいかん」ということはずっと語られてきたけど、なぜか「マグロ男がいかん」ということは語られてないですよね。

代々木●最近言いだしたですね、女の子が。

大　槻●男も女も、こう、釣り上げられたばかりの「ブラックバス」であるべきですよねえ。跳ねろピチピチっと！（笑）。……あの、でもたまに、「なにもそこまで……」っていう人もいるじゃないですか。「もうちょっと落ち着いてくれえ〜」っていう（笑）。

代々木●針が振り切っちゃうみたいなね。

大　槻●なんていうんですかねえ、最初からもうターボ・チャージャーがかかってる、という。

代々木●でもそういう人は、やっぱりほんとの満足はしてないね。それ、**「キレ系」**っていうんですね、業界では。キレ系は声はやたらにすごいね。必ず近所から苦情が来ます、ロケ・セットで。

大　槻●でも、その子はほんとは感じてないんですかね？　どうなんでしょう。

代々木●いや、キレ系も感じてるのね。「感じて」るけど、「感動」にいってないのね、心のほうに。

大　槻●ははあ。

代々木●つまりもう、完全にドラッグでブッ飛んでるような状態。もう「快楽中枢大興奮」みたいな（笑）。そっちだけ。でも**感情体がまったく閉じ込められてる状態の子**。でもそういう子ってやっぱりね、幼児期のトラウマがある。つらい、人を絶対信じない、で、さみしい。

だからよくほら、「お母さん、おなかすいたよ」っていうのがあるよね。でもほんとにおなかがすいてれば、本人は冷蔵庫を開けて自分で食べればいいわけだよね。だからお母さんは、「冷蔵庫に入ってるでしょう」って言う。つまりほんとは、「お母さん、おなかすいたよ」って言っても、**おなかがすいてるんじゃあない。その子はきっと何か他のものを求めてる。**でもそういうものが本人にはわからない。**コーマンをやりつづける女、**キレ系にはそういうのが多い。でも本当はそれじゃないのね。**本人が求めてるのはコーマンじゃないのよ、**じつは。

大　槻●本当は他のものを求めている――。

代々木●そう。甘えたいし、泣きたいしさ。何か他のものだと思う。そしてそれ、キレ系に多いですよ。

大　槻●そういうものが撮影中に出てきちゃう、というのを何度も見てらっしゃるわけですよね？

代々木●うちはしょっちゅうだよ。

大　槻●あれ、現場はどんな雰囲気になっちゃうんですか、そういうとき。

代々木●やっぱり涙をそそっちゃう子もいるしね。こっちのほうが涙出ちゃう子もいる。で、聞いてみるとぜんぶ理由があるわけじゃない？　飲み込んでるものがぜんぶ出てきちゃうわけだから。「お父さんに優しくしてもらえなかった……。お父さんとほんとは仲良くしたかった……」とかさ。でもお父さんにはそのヒマがないわけ。で、素直になれないから、可愛くないからってまた殴られちゃうとか。お母さんに虐待を受けてるとかね、学校で仲間はずれにされてるとか。そういう飲み込んでいたものが、なんか、安心して出てきちゃう。

大　槻●そういう心のトラウマなんかをセックスによって癒してあげるということは、できますか？　それは。

代々木●うーん、それは……。一時それをちょっと勘違いしてね、やってたのよ。やってたんだけど、なんだかもう一人のおれが、**「てめえ、なに様だ！」**みたいなね。「おまえはエッチ屋なんだからエッチなビデオを撮ってりゃいいんだ！」みたいなとこで——最近は切り替えたの。

大　槻●一時期その、監督は『オープン・ハート』『プラトニック・アニマル』という本を出されて——。

代々木●いやあ、あのころは勘違いしてたのよ（笑）。

大　槻●いや、でも、そのあとに『色即是空』という本も出たじゃないですか。「あっ、監督、ここまでいっちゃったか！」というね、「これは危険な方向にいってるんじゃないかな？」という——。

代々木●これがもう決定的だったね。各方面から「やがてあいつは宗教法人を興すぞ」と（笑）。

大　槻●うん、いや、正直に言いましょう。ぼくもそう思ってました（笑）。

代々木●ずいぶん書かれたもん、そういうふうに。

大　槻●おれの友達とかも、「最近の監督はどうもすごい方向にいっている。何か絶対背後に宗教団体か人格改造セミナー系がついているに違いない」っていうふうに言っていて、そのむかし密教で、真言立川流ですか——。

代々木●真言密教立川流。友達いるよ、変な。

大　槻●真言密教立川流。つまり密教の、まあその当時はそんなに亜流でもなかったらしいと言われてたんですが、その一派で、セックスによって涅槃に至ろう、みたいな。その真言立川流が、まあ平安だか鎌倉だかそのぐらいまであって、そのあとなくなったかというと、じつはまだあって、活動している人がいると。

代々木●いるんです。

大　槻●で、ぼくねえ、もしかして監督こそが真言立川流の人じゃないかなあ、と思ってたんですよ。
代々木●おれもね、その立川流の友達を客観的に見て、「これはヤバイなあ」と（笑）。おれもこういうふうに映ってるんだろうなあ、と。
大　槻●映ってました（笑）。いえ、それでね、じつはこういう噂があったんですよ。セックスで涅槃に至ろうということを昔からやっている真言立川流の人が、似たような、やっぱりオーガズムで心を癒そうとしている代々木監督に挑戦状を叩きつけたと。それで、なんですか、「勝ち抜きイカせ合戦」をですね——。
代々木●おもしろいね、それ（笑）。
大　槻●女の子を何人か連れてきて、こっちでは「うーん、いいねえ、スケベだねえ」っていう、「アテナ映像」方式でグーッときて（笑）、かたや、「ハンニャーハーラーなになに〜」って護摩焚いて、という対決があった、という話をぼくは——。
代々木●いや、ないない（笑）。でもそれ、1回やってみたいね。そういうの（笑）。
大　槻●で、そういう対決があって、けっきょく代々木監督が勝ったんだけども、最初にイカせたんだけれども、おたがいに相通《あいつう》ずるところがあって新たな宗教団体を、という。
代々木●すごい話ができあがってんねえ（笑）。

相手の目を見るからこそセックス

代々木●今日はせっかくみなさんが来てくださったからお教えしましょう。やっぱり、セックスって感情。マグロ男がいたら感情を出させること。
大　槻●マグロ女についてもそうですか。
代々木●感情を出させる。**いっくらデカマラをぶち込んでもダメ。**物理的な刺激はもうダメ。
大　槻●で、とにかくそれのとっかかりは「言葉」ですか。
代々木●やっぱり言葉だね。
大　槻●そして呼吸。
代々木●うん、それと目を見るってこと。相手の。
大　槻●それは、Hの際にですか？
代々木●うん。目を見ないのはおれたちの言う「カラミ」だから。「セックス」とは言わない。けっきょくそれは相手の体を使ったマスターベーションみたいなもんじゃない？
大　槻●はいはい。
代々木●目ってウソつけないもん。たとえば1回試してもらいたいのは、男の目を見て、「……入れて」と。
大　槻●(客席に）今日試すんだよー、これ。今夜だよー、今夜。
代々木●これは大変なものがあるよ。横向いて「入れて」っていうのは、目を見ないでは言えちゃうと思うのね。

大　槻●目を見て。
代々木●もっとすごいのは、ちゃんと目を見て、「……なめて」と。
大　槻●うーん。
代々木●おれも言ってて恥ずかしいな。なんか照れるよね（笑）。
大　槻●それは男もやるべきなんですか？
代々木●そう。ちゃんと目を見て。だからおれ、娘はさ、いま中3と高3なのね、やつらに言ってることは、「おまえ、男と最初、初体験をするときは、絶対相手の目を見ろよ」と。
大　槻●ははー、相手もビビるでしょうねえ、カッと、こう（笑）。
代々木●いやいや、そういう目じゃなくて、やっぱり「好きだ」という、**受け入れる「来て」みたいなさ。**そういう話はもうしっかりしてるよね。おれはもうそれしか言ってないね。

目を見たらウソはつけないですよ。だからきっとね、レイプなんかでも、きっちり相手の目を見据えてたら、絶対レイプできないと思う。それを「やめてーっ」なんて言うからやっちゃうんであってね。どんな状況でも犯せるっていう男優がいるのね。うちの現場じゃないんだけれども。彼も言ってましたよ、「目をぐっと見られたらしぼんじゃう。冷めた目でカッと見られたらダメだ」って。
大　槻●そうですか。

代々木●だから「目を見る」ってのにもいろいろあるよね。観察する目じゃなくて、つながっていく。愛してる、言葉に出せないの、来て、いっしょにつながろう――というそういう思い、「目で会話する」っていうのかな。

大　槻●要するにその、そこにSMとかがあったとしても、目を見て話せるだけの信頼関係っていうんですか――。

代々木●でなきゃ相手が何を考えてるかわかんないもん、目を見ないと。

大　槻●特にSMみたいなものに関しては信頼関係がいちばん重要ですよね。たとえばSMクラブに行ったとしますが、女の子が出てきて、たとえ自分がMでも「この子はなんか、オレは人間として尊敬できないなあ」と思うと、「こんなヤツにあれこれ言われたかねーや」と思うっていいますからね。

代々木●そりゃそうですよ。だからやっぱり相手の目を見る。絶対これは覚えといたほうがいいですよ。セックスのときは目を見る。**目を見ない男はどっかウソがあるよ。**

大　槻●つまり相手が心を開いてくれないと――。

代々木●だってそれだったら**テメエでセンズリかいてるほうがいいもん。**

大　槻●なるほど。

代々木●妄想働かせてやってるほうがさ、オレの手のほうがよっぽど締まるもんね。

大　槻●そりゃあそうでしょうねえ（笑）、そりゃあそうでしょう。コンピューターだってタマゴ持つの大変なんですから。人間の手はもう伸縮自在ですからね。

代々木●とにかくね、目を見てくれるから、いとおしさだとか、言葉にできないものが伝わってきて感動があったりしてさ、「ああ、やってよかった」って思うわけじゃない。

知的なセックスは醜悪だ

大　槻●おれね、その、悩みがあるんですが……。目を見てH、呼吸法、言葉、わかります、マグロじゃいけない、わかるんですが、おれのいまの悩みとしてですね、なんかね、Hしてるとこう、「さみしく」なるっていうのがあるんですよねえ……。

代々木●うん、あるね。

大　槻●あっ、ありますか?

代々木●相手によるけどね。

大　槻●いや、誰とでも……誰とでもと言うと、なんかいっぱいしてるみたいですけどね(笑)。

代々木●それはきっとね、過去のこう、飲み込んでいるさみしさみたいなものが出てきたりするのがあるんじゃないかな。幼児期の問題とかさ。

大　槻●出ますねえ。Hしてるときっていうのは二人だけの環境じゃないですか。その二人っきりの環境にいる自分というのがなんか、さみしーく思えてきちゃうときがあるんですが——。

代々木●それで「さみしいよー！」って泣けたらOKだよね。
大　槻●ははー。
代々木●でも、それを受け入れてくれる女でなきゃ泣けないじゃない。そこで泣いちゃったらさあ、**「聞いてよ、このまえ大槻さんとHしたら……泣くの」**なーんて言われたらさあ、これはさあ、つらいよね（笑）。**それをいちばん男は恐れるよね。**
大　槻●つらいッスねえ。つらいッスねえ。つらいッスよ。それはつらいッスわ（笑）。
代々木●だから男も女も、じつはそういう部分こそがHなんだよね。二人で**「どういう姿も見せ合える」**っていう関係。今はもうセックスってのは、刺激による射精がセックスだと思ってるから。でもそれはたんなる刺激による射精であり、ぼくらのいう「セックスじゃない、カラミ」なんだよね。セックスっていうのは、**まぐわうっていうことは、**外側じゃなくて**内的世界が融合**していくわけだから、おたがいのカッコつけてるバリアーみたいのがあったら内的世界は融合しないわけじゃない？
大　槻●しかしそこに道徳観、というものがあるじゃないですか――。
代々木●セックスに道徳もクソもないって。そんなこと言ってたら**コーマンできねぇよ。**
大　槻●いや、でも、たとえば相思相愛の二人がいて、でも他でHをすることになったというときに、いまの日本の道徳観としては、その相思相愛の二人がたとえば契りを交わしていたならば、他の女性としてはならない、他の男とするのはいけない――。
代々木●そんなのは**明治政府**が決めたんだからね。

大　槻●ははー。

代々木●そうだよ、そうしなきゃ兵隊に行けないじゃない。それまではさあ、夜這いはあるしさあ、「これ、おれの子供だけど顔似てねーだろう」って、平気で育てた時代がムラ社会だったわけだから。隣のカカアもやっちゃうし、それはもう、ほんとに**フリー・セックス**だったわけね。

大　槻●でも、境界っていうか——たとえばその、いろんなHをするなかで、「きみのことは本当に認める。目を見て『入れて』『なめて』と言い合える仲だ。しかしきみのその性の嗜好に対してはボクはどうしてもダメだ」という、道徳、自分のなかの道徳ってあるじゃないですか。たとえばスカトロはダメだとか。そういう部分——。

代々木●スカトロまで行くというのはね、けっきょく頭の、つまり頭脳プレイをしてるわけ。最初は知的なセックスなわけね。シチュエーションで、「港の見える窓があって、こういう男性で」というところから入っていくわけ。それは頭でつくり出しているものじゃない？　で、それがだんだん刺激が強くなっていく。「**3P**」になったり、「**目隠し**」だったり、「**縛り**」だったり。これは知的なプレイですよ。それがだんだん刺激、刺激、刺激だから、やっぱりなにかのきっかけで「**スカトロ**」のほうに行っちゃったりと、外側の刺激に行っちゃうわけだよね。でも目を見て、その内的世界に入っていけば、そっちのほうへは行かないよね。だからおれ、撮ってて思うのは、知的な人、**知的なセックスは醜悪だよね。**

大　槻●知的なセックスは醜悪だ――。

代々木●うん、同じ格好をしてるんだけど。本能的、人間の本能――そこに感情だとか愛みたいなのは所属してるわけだから――本能的なセックスをするのは感動があるよね。同じ格好してるんだけど。

大　槻●知的になればなるほど、いろいろシミュレーションしていく過程でSM行為があらわれたり、スカトロがあらわれたりとか。

代々木●そうそう。

大　槻●本能のままにするならば――まあ原始人がしていたような「まぐわい」っていうんですか――いわゆる普通のセックスに戻っていく、と。

代々木●やっぱり素敵な人は、そういう時にいとおしくなる。それと、目を見るとだいたい**涙が出るよね。**

大　槻●そうッスか。

代々木●相手とほんとに目を見てやってると涙が出る。そこで感動が起きるよね。で、二人ともそこで、「もうぜんぶ自分をさらけ出せる」っていう何かを感じ合ったとき、うわーっと泣くよね。そこで初めて**赤い糸**でつながると思うのよ。

大　槻●うーん。赤い糸っ！

代々木●見せない姿をおたがいが見せ合った、というところ。でも、これは紙一重のところでズレるよね。

大　槻●どこに行くんですか、ズレると。

代々木●やっぱり「オレは征服した」とかね。

大　槻●ははあ。

代々木●おれたちの現場っていうのは、恋人同士ではうまくいかないね。彼氏だとか彼女だとか、これから生涯つきあっていくという人にはやっぱりどっかでね、計算があるんですよ。**恋人同士でオーガズムが起きづらいってのはそのへんなのね。ほんとの自分を出せない、**というね。

大　槻●打算があるから出せないと。

代々木●そう。だけど現場だと1回こっきりだから。男優と素人の人が出てくるから、まったくそれはないよね。だから全部さらけ出せちゃうから起きる。失神が起きたりほんとのオーガズムが起きたり、さっきも言った話に戻るけど、**神がかったことを言いだしちゃう。**

大　槻●ははあ。

代々木●で、そっからわかることは、やっぱりもう道徳観だとかそういうのはいらない。セックスにそれを持ち込んだらおしまいだよ。どこまで下品になれるか。最初はやっぱりぎこちないよね。でもそのうちに、目を見なきゃセックスできなくなるはずですよ。

みんな言うよ、「最初は努力して無理してんのよ、ぎこちないのよね。つらかった」とか。「でもそのうちに、**なにかの拍子にぽーんとシンクロ**するのよ。それからはもう目を見ないとセックスできない。この人はわたしと本当にしてるのかどうかをやっぱり覗きたくなる」と。

大　槻●はー、いやいやいや、なんだかシミジミしますわ、いろんな意味で。いろんな過去の自分のHがいま走馬燈のように浮かんでますもん。おれはあのとき目を見ただろうか？　というのがね。

代々木●いや、でもおれもこの仕事やりだしてからですよ、「セックスというのはやっぱり目を見なきゃいけないんだなあ」というのがほんとにわかってきだしたのは。初期の作品ではそれは言ってないし、おれも気づいてなかったから。この歳になって、50代になってからですよ。

大　槻●村西とおる監督も全盛期、というか、いちばんウワーッといってたときに、目を開かせてましたね、女優さんに。なんかそんな記憶がありますね。

代々木●やっぱり、見せる、状況を把握させる、**「おまえは何をしてるのか、しっかり見ろ」**ということじゃないの？

大　槻●ああ、目を見ることによって、自分が何をしているのかということを──。

代々木●それはおれも要求するよね。お金になるから、お金が必要だから、ここは目をつぶって通り過ごしたらいい──ふざけんじゃねえ、というのがあるじゃないですか。**「てめえは何をしているのか、はっきり見ろよ」**と、そういう部分じゃないかな？

AVのさらにディープな楽しみかた

大　槻●あのね、最近アダルト・ビデオの観方がぼく変わってきて、わりと最近、男優さんを観ちゃうんですよ。いや、べつにホモとかじゃなくてね（笑）。

代々木●おれも男優を撮ってるもん、おもしろいもん。

大　槻●おもしろいッスね。

代々木●男優は、いまの連中すごいですよ。やっぱりね、10年、15年、あの世界で男優をやれるというのはすごい。1日1回必ず射精する、多いときには6発だとかチョコボールなんか出しちゃうわけだから。とにかく少なくとも1～2回は出すわけでしょ？　そして月のうち20～25日は仕事で埋まるわけですよ。それを10年から15年間やりつづけられるっていうのは、すごいよね。しかもやっぱり、人間的にもすごさを持ってるね。社会では通用しないかわかんないけども、なんか人間としての暖かさだとか。それはもう、ものすごく魅力のある男たちだよね。だからおれはどうかすると、女の子がつまんなきゃ男を撮っちゃうよね。その表情、そこが語ってるもん。それを撮ってればこっちの絵の説明がついちゃうから、**マグロ女より男の表情撮ってるほうが絵柄としてはおもしろいね。**

大　槻●たまにほんとにありますわ、そういうビデオ観ることが。

代々木●すごい深いところを観だしたんだな、最近。

大　槻●いやー、長いこと観てますからねえ（笑）。

あと最近好きなのが、ビデオの安売り店とかに昔のアダルト・ビデオ、ぼくが青春時代の頃に見たアダルト・ビデオがあって、それをもう1回観るわけですよ。そうすると、その頃はただ「ウオーッ」と興奮して観てるだけだったのが、なんか撮影現場の裏側とかが見えてくるんです。

あと、その頃出てた女優さんで、いまは違う仕事してる方に偶然会ったりとか、男優さんに会ったりとかいうことがあるんですよ。で、裏話聞いたりすると、じつはおれが興奮して観ていた頃、ある女の子はもう精神的にちょっとヤバくなっていて、マネージャーに抱きかかえられながら現場に行って、カラミだけ撮って、あとはマネージャーにまた抱きかかえられながら車に乗せられて去っていた、とかね、そういう話とか——。

代々木●あるだろうね、きっと。**豊丸ちゃん**なんかでもやっぱり「毎回怖かった」って言ってたもんね。

大　槻●人間発電所の異名を持つ、あの豊丸さんが怖かった？

代々木●うん、「何されるかわかんない」と。「わたしは〝淫乱系〟で売られちゃったから、今日は何をされるんだろう、今日は何をされるんだろう」というんで、もう怖くて怖くて朝行きたくない、と。

大　槻●やっぱりそうなんですか。

代々木●うん、彼女はそう言ってた。

大　槻●ははあ。

代々木●おれはそっちの、淫乱系のやつは撮らなかったけどね、彼女では。で、最後の引退作を撮らせてもらったんだけど、そのときに、「じつはわたしは怖かった」と、うん。でも表向きはあの子はもう、なんでもやっちゃう、みたいな。怪獣みたいなね。

大　槻●そういう芸風で――。

代々木●彼女もやっぱり逃げたかったんじゃないかな。**とりあえずキレちゃえば、何もわからないいじゃない。**

大　槻●ははーあ。ぼく、ある好きな女優さんがいたんですが、何本目かまではぜんぜん反応がないんですよ。マグロなんですよ。ところがあるときから絶叫系になったんですね。その絶叫の仕方がねえ、不自然なんですよ。「いくらなんでもそんなに感じるやつはいねーよ」というような、もう、「うぎゃああああああああああああ」ってずっと言ってるんですよ。これはなんか、そういう状態にもっていっちゃえばアドレナリンとかがとりあえず出るから、それで逃げてるのかなあという――。

代々木●けっこう気持ちはいいみたいだけどね。やっぱりそこに逃げちゃってる。

大　槻●もう一人いる女優さんも、それ系でしたねえ。

代々木●けっこう多いですよね。でもそれはもう、つらいものがあるよね。観てるほうなんてパンツ上げちゃうよね。ティッシュ用意してさ、抜こうと思って借りてきたってさ、「ぎゃあああああああ」で。

大　槻●最初っからターボではヌケない――。ヌケないビデオはねえ、だからねえ、監督のビデオはねえ――。

代々木●これもヌケないんだよなあ（笑）。

大　槻●いや、でもね、観ながらねえ――最初はやっぱり抜こうと思って買うじゃないですか、でもその、観ているうちに――「んっ、これはヌケないな」と思うと、人間ドラマとして観よう、と頭を切り替えるんです。

代々木●ありがとうございます（笑）。

大　槻●いえいえいえ（笑）。

代々木●そうだよね、ヌケないもんね。説教しちゃったりしたらいけないよね、やっぱり（笑）。

大　槻●（笑）これからは監督、どういった方向に行こうとしてるんですか？

代々木●いや、だからもう来た子を、「犯して」って言えば犯しちゃうし、「男をこういうふうにしたい」って言ったらそういうふうにしちゃう。

いま『**素人淫女隊**』っていうのをやってるんだけど、これがすごいね。ハリガタつけてケツ犯しちゃうね。男の子、血が出てんの。「おいっ、血が出てるよ！」って言うと抜くんですが、最初に血を拭いて、「Zローション」ってあるじゃない、現場にいつも置いてあるやつ、それをお尻に塗って、またハメちゃうの。**男は血が出るとやめちゃうのね**。やめちゃいますよ。**女の子はやめないですよ**、とことんいっちゃうね。だからもう、ロウソクはかけるわ、どこで覚えてくんのかね、ロウソクかけて、目隠ししちゃって、で、もちろん縛ってるよね。縛って、目隠しして、ロウソクかけて、そしてしごいて、**言葉なぶり**。で、声出さないとお尻の穴に指つっこんじゃって、最後に**ペニスバンドのデカいやつ**をつけて犯しちゃう。

大　槻●ははー、それは。

代々木●すごい時代だね。男優はそこまでやらないですよ。

大　槻●できないですよね。

代々木●できないね。素人の人のほうがすごいことやってるんだな、というのを発見した。こうなると現場は素材集めみたいなものだから、やりたいことをやってもらう。で、おもしろくなければちょっと仕掛けちゃう、みたいな。演出はもう、なんていうの、編集のときにできちゃうから。だけどこれからは、どっちかというと女の子主導型の——。

大　槻●女の子が男を攻める系の。

代々木●というか、女性が観れるようなビデオ。

大　槻●ははあ。女性が「したいなあ」と思いつつもできないでいることを。

代々木●いままでは男性用のビデオだったわけじゃない？　たんなるズリネタなわけ。でも女性の場合はそういうところで観てないじゃない、どっちかっていうと。おれはやっぱりそっちのほうが救いになるよね。

だから女性をターゲットにしたビデオっていうのをつくっていきたい。ただその、ショップがああいう形態だからなかなか入れないよね。でもこれからはほら、ケーブル・テレビやデジタル衛星放送なんかが家庭にどんどん入ってくれば女の人も観れる時代が来るから。うん、来年あたりはけっこうおもしろくなるんじゃないかなあと思って。

大　槻●ぼくね、女性に、「アダルト・ビデオ観たことある？」って聞いたことがあるんです。「友達と借りて観たことがある」「どんなのだった？」「つまんなかった」って言うから「どーいうのを借りたんだ！」って怒ったんですよ。「なぜ借りる前にオレに相談しない！」って（笑）。「オレは長年のカンで、アダルト・ビデオの当たりハズレはだいたいパッケージでわかるから！　監督名とか女優名、男優名でわかるから！」って。だから女性のための「アダルト・ビデオ・ソムリエ」が必要ですね（笑）。

代々木●ソムリエ、いいね（笑）。

大　槻●「すいません、あの、ちょっとSMの入ったこんなのが観たいんですが」「よろしゅうございます。えー、何年もののコレがございます。確実でございます」（笑）、これがいてしかるべきではないか、と。

イケないときの言い訳は

代々木●（客席に）じゃあ、最後に何か大槻さんに聞きたいことがありましたら——はい。

じゃあ、あなた。

女性客●えーとですねえ、あのー、なんかもう、さっきからそこに上がりたくて、もーたまんないんですけど、あのー、いまですねえ、今日は別にあの、ほんとに申し訳ないんですけども、お二人が対談なさるということ知らないで来て、えーと、で、質問というか、あのー、せっかく若いみなさんがいるんで**ちょっと芸をさせていただきたい**と思いまして。で、芸とゆーか、お話？　で、選んでほしいんですけど、えーとひとつが『恋人たちの予感』っていう映画でメグ・ライアンのやった芸、というのがひとつ。で、もうひとつが、あたしの個人的なその、**ハニーっていうのが大阪にいるんですけども**、その人はSM歴8年なんですが、すっごい感じさせといて絶対ヤッてくれないんですよ、で、その話？　がひとつ。

で、もうひとつが、こないだですね、東大の大学院に行ってる、ものすごい美形の男の子がいるんですけども、えーと、その子の部屋に遊びに行ったんですが、ものすごく酔っぱらってて、ぜんぜんもう吐きかけ3秒前？　の状態だったんで、えーと、でそのひと晩、弱ってるところに攻撃するのがちょっと**鬼の道**かなあと思ったんですけど、そのときにどうなったかっていう話、**その3つのなかから**——。

大　槻●監督、たぶん一番短いのがいいんじゃないかと思うんですけども（笑）。（客席より「メグ・ライアン！」の声）

大　槻●じゃ、メグ・ライアンでいこう。3分以内にまとめてくれるとうれしい（笑）。

女性客●メグ・ライアン。じゃあ、そっちに行ったほうが——。

大　槻●（女性客がステージへ近づいてくる間）……この店ではこういう突発的なこともよくあるそうですよ。

代々木●……怖いですね。（ちょっと、引いている）

大　槻●……ええ。（かなり引いている）

女性客●（ステージに到着して）えーと、みなさん、メグ・ライアンのやった芸っていうのご存じの方いらっしゃいますか？　知らない？　えーと、『恋人たちの予感』っていう映画で、女はイッた振りができるか、で男はわかるかどうかっていうのがあって、で、「ほんとにイッたかどうかは絶対にわかる」と彼が言ったわけですよ。で、女性が「絶対気づかれない自信がある」って言ったんですよ。で、そこのレストランでですね。イッた振りをするんですよ。で、それを見て、男の人が「負けた」と言うんですね。で、それで、その隣の席にいた老婦人がですね、老婦人というかオバサンがですね、感動して「彼女と同じ飲物をくれ」っていう——。

大　槻●つまり「イッた振り」だね？

女性客●そうなんです。

大　槻●じゃあ、早速やってもらおう。

女性客●じゃあ、いきたいと思います。

大　槻●いえいっ！

女性客●その前にちょっとお水を……ちょっとノド乾いてるんで。いいですか？　よろしいですか？　すいませんね、じゃあ。（しばし水を飲む）
代々木●いいねえ、なんか。
大　槻●そんなに震えて飲まなくても。
女性客●「呼吸」ですよね、大事なのは。
大　槻●アドリブきくなあ！（笑）。
（しばしオーガズムのパフォーマンスを熱演。客席、拍手）
大　槻●いええええいっ！　これはもう、監督からのコメントがぜひいただければと思うんですが、監督、どうですか⁉
代々木●いやあ、すごいですね。でもね、演技のほうがすごい場合ってあるんですよ。
女性客●うーん、やっぱ見られてると、ちょっと感じちゃいますよね。
代々木●感じるよね。で、演技にハマっちゃえば、演技を楽しんじゃえば本物になっちゃう場合があるから。
大　槻●それは、ひとりで練習してるの？
女性客●いや、だって、やったの今日が初めてですよ。
大　槻●いやー。

代々木●演技でもそこまでやってくれると男は、もう許せるよね。
大　槻●許せます。
代々木●というより、感謝するよね。ありがとうって。
女性客●「演技も愛」ですから。
代々木●そうそうそう（笑）。
大　槻●まあ最後に話がそこらへんに戻りますけど、あの、たまに、これは芝居だなと思いながらも「ありがとう」って思うときも——。
代々木●あります、あります。
女性客●あ、いま不信感に陥っちゃった客席の男子諸君、ごめんなさい（笑）。
大　槻●——でもねえ、男もねえ、イッた演技するんだよ。
女性客●そうなんですか？
大　槻●ほんとほんと。たまに疲れてるときとか。「う、ううーっ」とかいって（笑）。「う、ううーっ」ピクピクッ、ピクピクッ……って、けっこうやる。（客席に）やるよねえ？　けっこうねえ？　やるよねえ？
女性客●でも、やっぱりほら、証拠がないとあれだから、こう、ねえ？　ゴムを見られちゃうじゃないですか。
大　槻●そんなこと、あんまりしない（笑）。
女性客●えー？　そうなんですか？

代々木●あなた出たかどうか確認する？　コンドーム抜いて。見て。
女性客●それはしないですけども。
代々木●しないよねえ、じゃあわかんないじゃん。
大　槻●そう、それでもし出てなかったら、「いやあ、きみのことを想いすぎて昼間に6回もオナニーしてねえ、もうケムリしか出なかったんだよ」って（笑）。で、「うそー」とか言ったときに、こうやって（人差し指と親指をこすり合わせ）、駄菓子屋で売ってた「念力けむり」をこうやって。「あ、ほんと」って（笑）。

“言葉”をめぐる思索の旅

町田　康　（まちだ・こう）ミュージシャン・作家

81年、INUを率いてアルバム『メシ喰うな！』でメジャー・デビュー。以後80年代日本のパンクロック・シーンの重要人物となる。現在は町田町蔵から本名の町田康へと名前を変え、作家としても活躍。97年、小説「くっすん大黒」が第116回芥川賞候補に

気くばりロッカー、ふたり

（大槻入場前、対談場所の店長が町田氏に妙にからんでいる）

店長●――ツッパるゼというか、トンガるゼみたいな。

町田●（すでにキレそう）いや、だから「トンガッてんのかマルくなってんのか」という**問題の立て方自体がわたしにとっては無意味です**、ということです。

店長●はあ。いや、じゃあ、そしたら――。

町田●いや、もう大槻さんを呼びましょう。
店長●(狼狽気味な大笑い) OK、わかりました。ヤバい! じゃあ、てなことで。
町田●(客席に) 今日は無理を言って大槻ケンヂさんに来ていただきましたんで。(店長に) お呼びしてよろしいでしょうか?
店長●はい、どうぞ。じゃあ町蔵さんはこういう人でした、ということで、はい。(店長そそくさと退場。大槻入場)
大槻●いやあなんか、けっこう今ぼく笑いのツボにはまってました。
町田●すいません (笑)。
大槻●いえいえ。
町田●(店のスタッフに) **元気? 時給いくら? 搾取されてない?** いまのオッサンに(笑)。だいじょうぶ?
大槻●いや、町田さん、ぼくいまね、前説――前説といいますかなんといいますか――オープニング・トーク (笑) をしてくださった店長のテンションが、すごく笑いのツボを押してるんですよ。
町田●ウケてましたね、楽屋で。
大槻●「じゃあそろそろ大槻さんを――でもあの、康さん、あの頃は――」という (笑)、その、なんか熱いっス。びっくりしました。
町田●すいませんねえ (笑)。じつは大槻さんとは以前に1回お会いする機会が、ある雑誌であったんですよね。
　でね、ぼくは基本的にどっちかというと、「アクションするタイプの人間」じゃなくて「リアクションするタイプの人間」なんですね。要するに気を遣う、ということなんですけどね。それで大槻さんとお会いしたときも——じつは大槻さんも気を遣うほうでしょ？
大槻●そうですね、はい。
町田●で、おたがい気の遣い合いばっかりして、「どうですか？」「どうですか？」っておたがい言ってるあいだに時間がきて、けっきょく何も話せないまま終わった、という。
大槻●そうそうそう。プロレスでいうと「手四つ」の体勢でそのまま終わっちゃった、という（笑）。
町田●そう、ジイーッと（笑）。
大槻●剣道の師範どうしが向かい合ったままマンジリとも動かず、なんかジリジリ歩きまわってるうちに「その勝負、あずかった！」みたいな。なんか「御前試合」みたいなことになっちゃって。
町田●「御前試合」かどうか知らんけど（爆笑）。
大槻●なんかねえ、大変だったんですよねえ（笑）。

〝言葉〟と〝ロック〟の脱線問答

町田●(客席に向かって)**今日、大槻さんに来ていただいたそのわけはですね、えーと、特にはないんです**(笑)。彼の言葉とぼくが出会ったのは、音楽じゃなくて詩集だったんですね。ぼくが何年か前に詩集を出したのと同じ出版社から彼も詩集をお出しになっていて、その本をもらって、おもしろいなと思って、1回お会いしたいなと思ったんです。それでちょっと1回ね、そのぼくがひっかかった「言葉」の話というのをできたらなと思って。よろしくお願いします。

大槻●あ、よろしくお願いします。古いお話になっちゃうんですけども、じつは町田さんとの出会いというのはですね、いきなりぼく、町田さんに怒られたんですよ。

町田●え? そうですか?

大槻●いまを去ることもう相当むかしなんですけど、渋谷の「LA MAMA」というライブハウスに町田さんが出てらして、そいでぼくたちバンドの仲間で観にいったんですけど、それであの、バンドの仲間が町田さんの当時の呼び名で、「あっ、町蔵だ!」って呼んだわけですよ。そしたら町田さんがクルッと振り向いて、「誰が町蔵や」って言って。それで、「あっ、怒られた!」と思ったら、町田さんがニヤッと笑って、「……わいや」と言ったんです(笑)。

そのときのライブは絶対忘れませんよ。ステージに出てきたときも、最初にこう、ガーッと客席を見渡して、「こんなかに、関西のモンが混じっとるやろ！」と怒鳴ったんですよ。で、みんながシーンとしたら、またニヤッと笑って「……わいや」って言ったんです（笑）。もうあれはねえ、うわーっていうか、なんて言ったらいいか……そのころぼく高校生だったんですが、「ロックだ！」って思いましたよ、本当に。

町田●ご迷惑をおかけしましたね（笑）。

大槻●いや、あのときはね、じつは三段落ちだったんですよ。最初のがあって、次のがあって、そのあとにギターがトラブったときも、「このギターなあ、音が出えへんのや！　なんでかわかるかっ！」ってまた。それで会場がシーンとしたら、「……シールドがつないでないんや」っていうものすごいオチで（笑）。

町田●そうか（笑）。

大槻●あれもひとつの「言葉」の――。

町田●それは強引な（笑）。でも、そうですね、じゃあ「言葉」のなかでも、そういう「舞台の言葉」についてお聞きしましょうか。このあいだぼく、ソロ・コンサートがあったのに呼んでいただいて、あのときの曲間の話とかも長かったですね。ああいうのは事前になんか、ネタみたいなものを考えてるんですか？

大槻●ライブのMCですか？　じゃあその前に、いま話してた町田さんの「LA　MAMA」のときのMCというのは――？

町田●3日ぐらい考えましたよ。

大槻●えっ！　考えてたんですか？（笑）仕込みありだったんですか？

町田●そうですよ（笑）。

大槻●本当ですか？　それは。

町田●そうですよ。だいたいね、もうパターンがあるんですよ、そういうのに関しては。

大槻●いわゆるあれは——関西ギャグですよね？

町田●関西ギャグというかねえ。こっちって、わりと一人の喋りが多いでしょ？　関西は会話が主でしょ？　漫才とか。東京でバンドをやると、会話がないんですよね、全然。

大槻●それはお客さんとの対話、ということですか？

町田●いや、メンバーの。むかし法政大学でのライブに出たときに、**当時ハードコア・パンクっていいまして**、滅茶苦茶な、もう**暴力のみ、セックスなし**、というのがすごく流行ってたとき、いや、流行ってたというか、そういうバンドばっかり出てて——。で、もうすごいんですよ、野次と怒号が。「帰れ！」「引っ込め！」って。空き缶も飛んでくるから、**「おまえら、もう1回空き缶投げたら殺すぞ！」**と言ったら、**逆に雨アラレと飛んでくる**しね、**もうどうやって殺していいかわからんようになって**きて（笑）。

大槻●うわー、それでどうされたんですか？

町田●それでオレも最後にキレて。ちょっと騒いでた連中がおったんで——ゆうたってそんなに客も入ってないし——バッとこう、行ったんですよ。ステージをいったんやめて、ケンカに行ったわけです、単身。カッコええでしょう？　向こうはいっぱいおんのに、「コラァ！」て。でもそれ、べつにね、なにも無謀なことやろうとしたんじゃなくて、当然あの、いっしょに音楽やってるメンバーなんであるから、それはもう「当然いっしょに来てくれるだろう」と思ってたわけです。ところが、上で笑うて見てるんですよ。

大槻●あらまあ。

町田●もう滅茶苦茶にやられて。で、もう「会話がないなあ」という話で……「会話」っていうのもヘンか（笑）。

大槻●会話っていうかなんていうか（笑）。でもあれね、メンバーの一人が怒りだしたときって他のメンバーは困るんですよね。特に演奏している途中だと、「これは演奏をやめていいのか？　どうなのか？[*1]」というのが。なんか奇妙なグルーヴが発生してしまうという。昔、とあるバンドでＪＡＧＡＴＡＲＡっていうバンドがね——。

町田●あっ、テレビのときでしょ？

大槻●ええ、ＪＡＧＡＴＡＲＡがテレビに出たとき、パンクの人が殴り込みに来たんですよね、収録中に。それでボーカルのアケミさんにつっかかって行ったんですが、ＪＡＧＡＴＡＲＡのメンバーの方は、これが演出なのか、それともほんとのケンカなのかわからないんで、とりあえず演奏をしているんですよね。

町田●あれはアケミ、怒ったらしいですよ。あとで。

大槻●あれはおもしろかった。あのとき、いまイギリスなんかでギター弾いてる鈴木賢司[*2]

さんっていうギターの方がいて――学生服ですごいメタル・ソロを弾く人だったんですけど――彼はまったく知らなかったらしくて、なんかこれは演出なんだろう、と思ってニコニコしながらギター・ソロをしていた（笑）。あれは不思議な空間でしたねえ。――いや、なんか「言葉」から離れましたね？

町田●いや、だいじょうぶ（笑）。

〝言葉〟と〝ロック〟、さらに脱線！

大槻●むかしねえ、ルースターズ[*3]がライブで出るときに、司会がふとがね金太[*4]さんだったんですよ、それと巻上公一[*5]さんだったんですよ。ものすごいですけどね、いま考えると（笑）、「何だったんだ、あれは」と思うんですけど。

で、まちがえてふとがねさんが、「じゃあ次は、ロッカーズ[*6]です！」って紹介しちゃったんですよ。そこにルースターズがバーッと出てきて、ジャ〜ン！　大江さんがひと言、「こんばんは、ロッカーズです！」って（笑）。それでダンダンダンダーダダンダンってはじまって――カッコよかったですよ。

町田●テレビかなんかで見たんですか？

大槻●いや、あのねえ、学生服のネクタイ買いにパルコに行ったら、屋上でフリー・コンサートでやってたんですよ。

町田●ああ、そういうのよくやってましたね。

大槻●で、最後に——すいませんね、昔話ばっかりで——最後はシーナ&ザ・ロケッツでね、「おれたちこれっきゃないけん！」って言ってね、「サティスファクション」を40分ぐらいやって帰っていった（笑）。あれはすごかったなあ。

なんか近所から苦情がきちゃって、「1曲」しかできないってことになったらしいんですよね。45分はやってましたね。「おれたちこれっきゃないけん、じゃあ、サティスファクション」——ダッダー、ダダダーって、40分間ずっと*7「満足できない」って（笑）。もうこっちは「満腹」（笑）。すごかったですねえ。なぜかチャクラまで出たんですけどね、そのとき。

町田●ぼくチャクラは1回共演したことありますよ。

大槻●え、ええーっ！　なにで？　なにでですか？

町田●目黒の「鹿鳴館」っていうライブハウスができた頃でね。あれ、いまは知りませんけどね、むかし寄席《よせ》やったらしいんですよ。

大槻●「鹿鳴館」って、いまメタルの殿堂なんですよ、あそこ。

町田●いや、なんか寄席なんですよ。で、楽屋もね、寄席なんですよ。ぼくなんで寄席の構造にくわしいかというと、大阪にいた頃——新世界っていうとこ、知ってます？　あそこに**「ニューワールド」**っていう喫茶店があって、そこで——。

大槻●「新世界」で「ニューワールド」（笑）。

町田●いいでしょう？（笑）。

大槻●訳したんですね、それは……「言葉」ですねえ。

町田●で、そこでぼくはウェイターをやっててね、店の前が、むかしの「温泉劇場」っていう松竹系の寄席の小屋やったんですよ。コーヒーの出前でようその寄席の楽屋に行ってたんです。で、その、**「フレッシュ花子」**って知ってます？

大槻●なんですか？　ちょっとわからないですねえ。フレッシュ花子……。

町田●あの、**キャッシー**って、知ってます？

大槻●——中島、ですか？

町田●いや、中島じゃなくて（笑）。

大槻●すいません、一応お約束で（笑）。

町田●キャッシーっていうのと、吉本バラエティーとかああいうので両方競ってたんですけど、**フレッシュ花子**はもうダメで——それはもうおれが小学校ぐらいのときですけどね。

大槻●ちょっと待ってください、町田さん。それはすごく、大阪のなかでもすごく特定少数の人しかわからない話なんではないでしょうか？

町田●いや、まあ、そうですね、すいません（笑）。いや、その**フレッシュ花子にね、滅茶苦茶にイジメられたんですよ、ぼくは。**

大槻●フレッシュ花子にイジメられたんですか！　なぜですか！　なんでですか！　ぜんぜんわからないんですけど（笑）。

町田●いや、コーヒーを注文されるでしょ？　寄席の楽屋って広いんです、(客席を示し)これぐらいあるんですよ。で、コーヒーを持ってくでしょ？　名前言うんですよ、**「フレッシュ花子さん、コーヒーふたつ」**とか。**そしたらあの——ちゃっきり娘って知ってます？**

大槻●ちゃっきりちゃっきりちゃっきりちゃっきりな〜、ちゃっきり娘が——。

町田●あれはメジャーやったんですよ。

大槻●ええ、ぼくも知ってます、ちゃっきり娘は。

町田●**で——春・やす子けい子って知ってます？**

大槻●ああ、やす子けい子、はい、知ってます知ってます。

町田●あれもメジャーやったんです。だから楽屋が個室なんですね。でも**フレッシュ花子**さんとか**あひる艦隊**さんとか……。

大槻●あひる——いやあ、ちょっと自分……(笑)。

町田●——とか**海原・はるかかなた**さんとかは大部屋なんですよ。で、コーヒー持ってって、「コーヒーの人！」って言ったら、だいたいはみんな「あ、おれ」とか言ってくれるんですけど、**フレッシュ花子**は**「あんたっ、あたしの顔、知らんの⁉」**って。知らんがな、そんなの(笑)。

そりゃ昔の**フレッシュ花子**は知ってますよ——。

大槻●えっ？　ちょっと待ってくださいよ。フレッシュ花子には今と昔があるんですか？

どういうことなんですか?「フレッシュの謎」……。

町田●それは(笑)、だから、**フレッシュ**は行きかけてたんですよ、あるときまで。**高井ギャラ**っていう女のひとと——。

大槻●はあ(笑)? どんどんどんどん……わからない……。

町田●キャッシーっていうのと、あと**フレッシュ花子**でがんばってたんですよ。で、**高井ギャラとフレッシュ花子**はやっぱりダメで、それがぼく、小学校ぐらいのときなんですよ。ダメになりかけたのが。

大槻●はあはあ。そのころのフレッシュ花子は本当にフレッシュだったわけですね?

町田●フレッシュだった。でももうそのときは——。

大槻●見る影もない……誰だかわからない……。

町田●誰だかわからない**花子**だったんですよ。

大槻●その花子に——。

町田●その花子にさんざんイジメられて。

大槻●「あんた、わたしの顔わからへんの!?」と。

町田●そう言われてもわからへんでしょ? そんなの。それで、すいません、すいませんって謝ってもぜんぜん許してもらえんで。

ぼく当時ね、すごい可愛い顔してて(笑)、それでなんか目えつけられて、なんかすごいイジメられてたんですよ。なーんかねえ……いや、何が言いたかったかというと、「鹿鳴館」の、なぜそれが寄席なのか、という（笑）。

大槻●そうですよね！　フレッシュ花子問題はさておいて、はい、「鹿鳴館」に話はもどりました。

町田●要するに寄席の楽屋だと。で、そこでチャクラとやったと。

大槻●あっ、話はチャクラだったんですね！　いやあ、驚きました（笑）。

継承される〝言葉〟、そのサンプル

町田●いや、それで、わたしが聞きたかったのはね、「言葉」の話で——。

大槻●「言葉」でした（笑）。

MCというのはぼくも、いちおう考えてあるんですよ。自分でも笑うんですが、最初出てきたとき、まあいちおうロックということで、「イエイ」とか言おうと思うわけです。

町田●ぼくの観たコンサートでも「イエイ」って、言ってましたよね？

大槻●言うんですよ、「イエイ」って。あれ、楽だなということに気づいて。「イエイ」っていうと「イエイ」って返してくれるんですわ。

町田●ははー、そうですか。

大槻●なんかねえ、法則みたいのがMCにはあるみたいで。ライブにおける曲と曲のあいまの言葉には。それでぼく、「MC表」というのをじつは作ってるんですよ。「ここではこういうことを喋る」とかね。でも、「イエイ」なんていうのは暗記以前の問題じゃないですか。だけどオープニングで「イエイ」が出なかったらどうしようと思ってねえ、MC表にまず「イエイ」って書くんですよ。

町田●では「イエイ」という、その「イエイ」の種類。

大槻●「イエイ」の種類ですか。

町田●だからローソン系の「いえい」と……ローソンじゃない、**ローソンの親**の。

大槻●高島忠夫。セシボン高島。「いえ〜い」。

町田●その「いえ〜い」と、ぼくがこのあいだ大槻さんのコンサートで聞いたのと、ちょっと違う感じがしたんですよ。

大槻●そうですね。ロックで「イエイ」というのも、もうほとんどギャグになりつつあるから。

町田●うん、なんか、批評的な「イエイ」でしょ？

大槻●そうですねえ。いや、ただね、ぼくの場合、たとえば水泳なんかで、あれ不思議なんだけど、「第1のコォ〜〜ス（例のイントネーションで）」って言うじゃないですか。あれ、誰もつっこまないけど、「なんでなんだ？」っていうの、あるじゃないですか。ところがまた水泳で、「（今度はごく普通のイントネーションで）第1のコース、なんとか選手」って言われたら、なんかそれ、「水泳じゃない！」っていうの、あるじゃないですか。

町田●うんうんうん、わかります。じつはそれ、ぼくが今日話したかった**最大のテーマ**なんです。
大槻●あ、え……えぇっ？　そうなんですか⁉（笑）
町田●いや、本当。本当に。
大槻●で、それをね、1回あるところで誰かがつっこんだわけですよ、水泳協会かなんかに。そしたら、これおもしろかったんですけど、その水泳協会だかなんだかは、「いや、われわれは独特のイントネーションなんか使ってない」と言ったんですよ。
町田●それが普通だ、と？
大槻●というか、「そんなことはない」って言い切るんですよ。
町田●ん？　**「特にことさらおかしなことはわたしども、やってません」**という？
大槻●いや、つまりそのイントネーション自体を否定するんですよ。「第1のコォ〜〜ス」とか、「言ってません！」て言うんですよ。
町田●（爆笑）
大槻●「言ってない」って言うんですよ。「言ってるじゃないか！」ってこっちは言うんだけれど、「いや、言ってません、普通です」ということがあって（笑）。
　でも、やっぱりねえ、「その場において冴える言葉」っていうか、どうしても「批評うんぬん抜きにハマッちゃう言葉」というのがあるみたいで。たとえばこれも言葉というかイントネーションの問題ですが、電車に乗るとき、「（例の独特の節まわしで）次は山手線〜、どこどこ〜、どこどこ〜」というふうに——。

町田●そうなんですよ。ぼくねえ、**それはねえ、もうなんでだかわかってるんです。**

大槻●あれはなんでなんですか？

町田●ヘンでしょ？　あれ。「(マイクに口をつけてこもった声で)ゴニョゴニョゴニョゴニョ〜」ってやると、「はっきり言えよ！」と思うでしょ？

大槻●そう。「次は！　すッ、がッ、もッ！」とかって言うべきだって(笑)。「にッ、ぽりッ、ですッ！」とか(笑)。

町田●そう、それをやりすぎてんのが営団地下鉄で。なんかすごいサワヤカな声で言うてるじゃないですか、地下鉄で。

大槻●ええーっ？

町田●あれっ？　地下鉄じゃなかったかなあ？　私鉄だったかなあ？　あまり乗らないんでわかんないけど。

大槻●どんな感じで言うんですか？　ちゃんとイントネーションをはっきり言うんですか？

町田●いや、明るくしようとしてやりすぎてるんですよ。

大槻●「次は巣鴨で〜す♡」

町田●いや、男の声なんです、それは。「(貼りついた笑みを顔に浮かべ)つぎは、**スがも。スがも**」みたいな(笑)――なんかべつにね、そんなに希望を込めてくれなくても、要するに普通でええねん、という。

大槻●あれはだから、なんなんでしょうねえ。

町田●いや、これはぼくね、旧国鉄がはじめたことを、もっと古く言うと**省線の時代**からはじまったことを、その**営団だかなんだかは打破したかったん**だと思うんですよ。

大槻●パンクなんですね、営団は。

町田●「あれはやめよう」と思うたと思うんですよ。で、やりすぎて、なんかサワヤカにしすぎてしまった。「**スがも。スがも**」って笑顔で言われても……。よく新聞の折り込みで、郊外の大手紳士服安売り店の、「ニッ」って、こんなして立ってるオッサンおるでしょ？　あんな声なんですよ。**あいつが喋ったらきっとこんなやな**、という（笑）。

大槻●あいつはこんなポーズやってるだけではなく、「スがも」、そんなことも言っていたんですか——まあ営団地下鉄に巣鴨があったかどうかはいま大問題なんですが、みんな忘れてるんでこれは置いときましょう（笑）。営団に巣鴨があるとしましょう。

町田●それでね、じゃあなぜね、そのもととなった旧国鉄があんなやり方をやったか、ということなんですけどね。これは結局ぼくの思うに、むかしの人でしょ？　むかしの人にとってマイクというのはね、特殊なもんやったと思うんですよ。ぼくらは歌手やってるからべつに、マイクがあってもいちおう普通に喋れるでしょ？　でもむかしの人は、マイクっていうか、電話の受話器みたいな——。

大槻●ああ、近づかないと喋れないんじゃないか、という。

町田●そうしないと声が通らないんじゃないか、と。それと当時、浪曲が流行ったでしよ？　とりあえずあれをやれば通るんじゃないかと。それでわざとノドをしぼって、「(浪曲風に) すがも〜、すがも〜」ってこう、マイクに対して構えた。そしてそれをまた、なんも知らんと入ってきた大卒のやつが——大卒かなんか知らんけど入ってきたやつが——「ああ、ああやるのか」と見習う。で、たまにね、やっぱりね、普通の口調で「巣鴨」とかやったやつはいると思うんですよ。でもね、**「おまえ、ナメとんのかコラ！」**って。

大槻●先輩からのダメ出しというか。

町田●そうなんですよね。演出というか、「お客さまにこうやって浪曲風にやらんと、おまえの声は通りにくいやろう？」というね。

大槻●だんだん継承されていくんですね。

町田●そうなんですよ、そしてそれがだんだん先鋭化されて、特殊なああいう喋り方になったと。ぼくねえ、これね、10年ぐらい前に気づいたんですよ。

大槻●ぼくは同時期にね、水泳のことについて気づいたんです(笑)。結局ね、簡単なことなんですよね。水泳はプールが広いじゃないですか。だから声がとどかなかったんじゃないか、と。最初は「第1のコオオオオ——ス！」とか言ってたのが——。

町田●「コオオオ——ス！」って、なんでこうロック・フレーバーになるんですか？

大槻●いや、ロッカーなもんで(笑)。「第1のコオオオ——ス！」ってこう言ってるうちマイクというものが出来てきても……。

町田●ついその存在を忘れて。

大槻●ええ。マイクがあっても「第1のコォ～～ス」というようになってしまったのではないかと。——そうすると、じゃあロックで「イエイ」というのは何だったんでしょう。ロックを最初に始めたのは誰です？　チャック・ベリーとかそのへんなんですか？　チャック・ベリーって「イエイ」って言ってます？

町田●言ってないんじゃないですか、意外に。

大槻●最初に「イエイ」って言ったロッカーは誰か——。

町田●**いや、ロッカーから始まってないんじゃないですか？　意外と高島あたりが——。**

大槻●高島！（笑）高島の「いえい」、あれが。うーん、セシボーンという。

町田●でもねえ、ぼくが10代、18とか19とかぐらいのときね、「イエイ」とかいうのもカッコ悪い、という風潮がありましたよ。

大槻●ありました、ありました。ぼくもありました。

町田●それがつながって〝批評的な〟「イエイ」に向かってるわけですよね。

大槻●そうです。最初は、「イエイ」と言うことの恥ずかしさをどんどん押し出しちゃうというか。だから、「イエエエイッ」とか言うと、みんなもテレながら、でもロックだから、というんで「イエイ」という、そういうのがありました。

町田●そういう時代を経て、いまはもう完全にスタイルとして。

大槻●もうとにかく、最初に盛り上げるには「イエイ」を言えばいいや、という「逃げ」の心がちょっとありますね。

町田●うーん、そうか。
大槻●宴会で、まあなんやかんやあっても脱ぎゃあウケるだろう、というのがあるじゃないですか。
町田●ははあ。どうもおれねえ、最近コンサートやっててお客さんのノリが悪いなあと思ってたけどね、そこですわ。ぼくねえ、最初にねえ、「いらっしゃいませ」って言ってしまったんですよ、このあいだ（笑）。
大槻●ははあ（笑）。相手もかしこまっちゃうんじゃないかなあ。
町田●なるほど、そこか。

大槻流ロック錬金術⁉

町田●いや、昔ね、京都で——古い話ばっかりですいませんね、ほんとに——東京のバンドでスピードっていうバンドがあったんですが、そのバンドが京都でやったんです。京都の同志社大学のコンサートで。客はみんな当時やから、もうパンク。1000人ぐらい入ってた。で、ワーッて走って出ていって、ボーカルのやつがグワーッとこぶし振り上げて、イギー・ポップのマネして「**ニューヨーク！**」って言ったんですよ。
大槻●おおっ、京都なのにN・Y‼　それで⁉
町田●大爆笑（笑）。

大槻●ウケましたか……。それはみんな、イギー・ポップというのが頭にあったからウケたんですかね？

町田●いや。「あいつアホちゃうか？　ここは京都や」と(笑)。「なにをおもろいこと言うとんねん。**まったくおかしな人だよお**」と(笑)。

大槻●「おかしな人だよこの人は。誰か教えてあげなさいよ」という(笑)。「ここは京都だよ。古都・京都。ニューヨークじゃないよ。姉妹都市でもないよ」という。

だいたいライブって、一発めで「つかみはOK」っていうのがありますけど、最初につかんじゃうとOKだなあ、というのがあって。けっこうこだわりましたね。

町田●なるほどね。もう一発めからテンション高いところへ行ってしまうと。

大槻●もうねえ、けっきょく最初に「イエイ！」と言うと、とりあえず「イエイ！」と返ってくるよ、というのがある日わかって。もしかしたら歴代のロッカーたちがなぜ「イエイ」と言っていたかというと、それは単に――。

町田●それをやるとあとの進行がラクだと。

大槻●ラクだと。進行上の問題だったんではないのかなと。「イエイ」という気持ちじゃなくても、最初に「イエイ！」って言っちゃうと「イエイ！」って返ってくるなあ、というのがねえ。

町田●いや、ただね、その話を聞いて、「じゃ、やってみようかな？」とは思うんですよ、ぼくも。ただね、**ぼくはね、大槻さんをね、じつはぜんぜん信用してないんですよね。**

大槻●ええーっ！　な、な、なんでですか！
町田●あのねえ、前に大槻さんにお会いしたときに、**「町田さん、ぼくはねえ、絶対にCDを売る方法を知ってます！」**と。
大槻●あっ……。
町田●で、「なんですか？」と聞いたら、「いや、これはねえ、もうひと言だけ。歌詞に1行だけ入れりゃあいいんです」と言うんです。「なんですか？　それはもうやりますわ」と聞いてみたら、「『愛してる』って入れればいいんですよ」と（笑）。「それで5万、10万違います」って。それも、なんや、どこのセールスマンのオッサンや、みたいな言い方で（笑）。でも、よーし、おれも1回やってみようと思うて、『駐車場のヨハネ』っていうレコード、「愛してる」以外歌詞のでてこない曲を——。
大槻●もう連呼してましたねえ。愛してる愛してるって（笑）。いや、5万、10万はこれからでっせ、これから。そんなもん最初から伝わりまへんがな。徐々に徐々に。これからじわじわと（笑）。
町田●じわじわと？「一気にいく」って言わなかったっけ？
大槻●いや、でもねえ、「愛してる」は来ると思うんですけどねえ。
町田●しかも、さらに20、30いこうと思えば、「おまえだけを」って入れたらいく、とも言ってましたよ（笑）。おれ、「おまえをいちばん」って入れたんですよ。でもぜんぜん変わりませんでしたよね（笑）。

大槻●いや、これからですよ。じわじわじわーっと。でもどうだったんですか？　その「愛してる問題」に関して、ファンからの反応というのは。

町田●いや、でもやっぱりね、いちばんキャッチーな曲だったらしくて、そこの部分が。その頃ぼく演劇に出たりしてたんですけど、それのテレビスポットでそこの部分を使ったりしてましたね。

大槻●ははあ。やっぱりねえ。そうですねえ。でもぼく、町田さんで感心するのは、詞もさることながらその言語感覚ですよね。アルバム・タイトルでたとえば『ほな、どないせぇゆぅね』とかあるじゃないですか。『腹ふり』とか。いきなりそれをアルバム・タイトルにするというのがスゲエなあと思って。……いや、アルバム・タイトルを「愛してる」にするとまた売れるんですよ、これが（笑）。これなら100万！

町田●今日は証人もこれだけいるわけだから（笑）。

大槻●で、上に「おまえだけを」ってつける。で、「これでどや」って入れる（笑）。

〝カリスマ〟の方法論

町田●いや、それでね、「言葉」の話にいちおう戻すと——「イエイ」というのもそうですが、常套的な言葉のなかで、なにかほかに気になってるようなところ、あります？

大槻●最近ぼくのよく使ってるのがねえ、みんな緊張してるなというのがわかるんで、いきなり同じレベルに自分を落としちゃうことですね。「イエーイ！」って言って、まず「おれはロックだ！　カリスマだ！」っていうのを叩きつけたあと、レベルをぐうーっと下げて、「……どう？　最近」って聞くんですよ（笑）。これはねえ、いいっスよ。「うわーっ、カリスマ！　でも庶民的……」というような。つまりまあ、すごく吉幾三とかね、千昌夫の方法論ですよね。

町田●ちょっとそのへん、不勉強なもんですから（笑）。

大槻●つまり「イエイ！」と言うことによって「ロックだぜ！」っていうのを出して、「おれはおまえらより上の立場にあるステージ上の人物だぜ、イエイ、カリスマさあ」というのを見せたあと、自分をぐうーっと下げて庶民レベルにもっていき、「どう？　最近」と聞いたあと、「おまえだけを愛してるよ」とやると、「まあ、そんなエライ人が庶民レベルに降りてきて私を愛しているんだわ」と、みんなマインド・コントロールされる（笑）。

町田●ぼく、まったく逆やってましたわ。

大槻●あらまあ。

町田●最初、「いらっしゃいませ」「すいません、すいません、すいません」って言って、向こうがだんだん「なんやこいつ、アホやんけ」と増長してきたところで、**「ナメとんのか、コラ！」**って（笑）。もう、ずずずぅぅ――っとみんなの気持ちがみるみる離れていく（笑）。

大槻●いや、そんなことないですよ。最初はだから、ぼくが見たときはまず、「こんなかに関西のモンがおる、誰やあっ!」て、ぐわーっとね。で、そう言ったあと、「……わいや」って。

町田●なるほど、それにちょっと近い方法論か。

大槻●もうやっていらっしゃったんですよ、じつは。

町田●ああ、でもぼくね、それではダメだと思って。まず最初に謝っちゃおう、と。

大槻●はあ。

町田●**「だいたい歌手なんてものは人間のクズでございます。すいません。みなさん、一生懸命働いて、お金払って観に来てもらってすいません」**……と、謝ってるうちにだんだん怒りがわいてくるわけですよ(笑)。「なんでおれ、そこまで謙《へりくだ》らなアカンのやろ?」と。「おれはおれの才能でモノやってんのに、なんでおまえらにそんな……」って、だんだんもう怒りが(笑)。

大槻●あっ、思い出しましたよ! それはねえ、タイガーマスクの方法論ですわ。初代タイガーマスクの。

町田●あの、プロレスの? マンガのじゃなくてプロレスの?

大槻●ええ。初代タイガーマスクの佐山聡っていう人がいるんですがね、その方もそうなんですよ。

町田●最初は耐えるわけですね?

大槻●このあいだ対談したときも、最初いきなり謝るんですよ。「すいません、すいません、ほんとにもう……いやー、ほんとにすいません……」って。いや、ほんとにずーっと謝ってんですよ。「いやあほんとに、わざわざ大宮まで来ていただいてほんとにすいません。どうぞ、もう、寒くてすいませんね、ほんとう」って。

町田●寒いのまで謝る（笑）。

大槻●寒いのまで謝る。それどころじゃない、「わたし甘いものが好きですいません」って謝るんですよ（笑）。

で、それで、いまシューティングという格闘技をやってるんで、その話をはじめると、だんだん熱くなってくるんですよ。「たとえばこう来たら、これ、どうなるんですか？」「そうしたら、それをこうやってさばいてこうですね。そうすると、こうなんですよ」って言ってるうちに、テンションが上がってくんですね。目がだんだんこう、怖くなってくんですよ。で、ここで――まあぼくの場合はここで「あっ、この人テンション上がってるな」と思って、「いやいやほんとに素敵ですねえ」なんてヨイショを入れるわけです。そうするとまた、「すいません、ほんと」ってなるんですが（笑）。

しかし中にはここで増長して、「いやあ、でもそんなこと言ってもあのグレイシー柔術が来たら一発でやられちゃうんじゃないですか？」なんて言うヤツでもいようもんなら、もう、バアーッと来て、ボキボキボキーッという。その方法論。

町田●それ、方法論って言うんでしょうかね？

大槻●いや、わからないんですけど（笑）。

町田●ただ感情のおもむくままに、という（笑）。

大槻●……だから、町田さんのそのテンションの上げ方というのは、ロッカーというよりもこう、格闘家的な……。

町田●おれ、格闘家だったのか。

大槻●……いや、これから、なんかいろいろ。

町田●……そうか。格闘家だったのか……まあいいや。

大槻●いや、「言葉」の格闘家ですよ!!

町田●そんな、いかにもなオチは（笑）。

小説の作法について

町田●では小説とかエッセイなんか書く場合の「言葉」について。たとえば芝居の話からいくと、何人かの登場人物がいる。詩の場合とはちょっと違うと思うんですよ。詩の場合はもっとコンサートに近いと思うんですね、頭の働かせ方が。要するに直感的にいくでしょ？　ノリ的に、というか。だけど小説とかエッセイなんか書く場合は、たとえば「こういう言葉はおれ使わねーよ」とか、あるいは女をやるときね、小説のなかで女やるときに、女にならなきゃいけないでしょう？　自分が。

大槻●ぼくの場合、女になっちゃうんですね、書いてるときは。女の子の気持ちに入っちゃうんで、わりとだいじょうぶです。でもね、おもしろいのは、小説書くと、「登場人物がぜんぶ自分だ」っていうことに気づくんですよね。自分のいろいろ多面的な精神面を分析して書いていているなあ、というのがほーんとによくわかっちゃって。逆に言うと「自分以外だな」という登場人物を書いたことがないんです。

町田●なるほどね。

大槻●だからほんと、自分とはまったく違う、架空の人間を書けるというのは、もう「プロ小説家」なんじゃないのかなあと思って。

町田●モデル小説っていうかね、たとえば現実の「おもしれーな」と思ったやつを見て、**こいつをちょっと殺したろかな、**とか、笑わしたろかな、とか、そういう部分ってありますか？

大槻●歴然とモデルがいる小説というのはもういくつも書いてて。ぼくはだいたい小説にモデルがいるんですよ。じつは町田さんもぼくの小説のなかでモデルで出てくるんですけどね。

町田●あ、そうですか。

大槻●ええ、じつを言うと。

町田●そういうなかでもやっぱり自分が出る、と。外観というか、外見とか、服装とか、年齢とか、性別とか、語り口とか、そういうのはそれぞれのモデルがあったとしても、どっかでやっぱり自分の心のなかでの人物を配置していると。

大槻●出ちゃうんですよね。そこは自分でもおもしろいなあと思って。あっ、だけどね、このあいだ、初めて口述筆記というのに挑戦してみたんですよ。

町田●どうでした？

大槻●いや、できました。テープをこう持って、で、「そのときモモはこう思った」って言ってカチッとテープ止めて。それから、「すると有田約使はどうのこうのでなんとかかんとか」、カチッって止めて。だいたい原稿用紙20枚だって言われたんでこのくらいかなあと思って止めたら、ちょうど20枚ぶん。「おれ才能あんのかなあ」と。これで100冊ぐらい書いちゃったら楽だなあ、と思いましたけどね。

町田●小説の言葉っていうのは――ほら、音楽やってて小説書く人ってたくさんいるんですけど、大槻さんってちょっと違う手ざわりをぼくは感じるというか。

大槻●でも町田さんもあれですよね、今度本を書くという――。

町田●ええ、某文芸誌からの依頼ということで、きのう終わったところなんで。ちょっと頭がまだそっちのほうに行ってて、なんかそういう話を聞きたいな、と。

大槻●けっこうもう、入り込むとぐわーっとですか？

町田●ぼくはねえ、一人称なんですよ、書いてんのが。けっきょくずうっと1年ぐらいやってたんですけど。で、どういうふうに自分の心の状態をね、いま大槻さんがおっしゃったようにもっていくのか、心の状態をそういうふうにもっていくにはどうしたらいいか、ちょっと最初なんで、いろいろあっちこっちに傾向は行ったんですけど。しかし、すごい、やっぱりエキサイティングですね、書いてるときは。どうですか、そのへんは。

大槻●いやあ、ぼく、ひところはエキサイティングだったんですが、最近めんどくさくなってきちゃって(笑)。

町田●遅い? 自分のスピード感と、現実のその——。

大槻●ああ、あります。たまに書いてて、思うより早く筆が走るっていうか、ぐわあああって書いちゃうこともありますけど。

町田●手のほうが先いっちゃうから追いつかない、っていうかね。

大槻●あれはびっくりしますね、自分で。なんでこういうことができるのかなあ、と。なんかドーパミンだかなんだかが出てるんでしょうかね、あれ。

町田●どうなってるんだろうね。

大槻●バアーッと書いて、あとで読むとちゃんと話のつじつまが合ってたりして、「ありゃま!」っていうときとかありますからね。

町田●書くときは手書きですか?

大槻●そうです、ずっと。

町田●あれはどうしてます? 歌詞は。

大槻●歌詞ですか? 歌詞は——最近は聞く人を考えて書くようになってきちゃいましたね。前は、自分のなかでなんかこう、「こうなんだ、こうなんだ」と思ってたんだけど……最近はね、さっきも言ったあの、「『愛してる』を入れればセールスが絶対違う」とか、そういうことをね——。

町田●なんでそういうこと言うときはそんな悪役の顔になるんですか？（笑）

大槻●（笑）

町田●小説の話してるときはけっこう少年のような顔してたのに（笑）。

大槻●いやいやいや。へっ、へっ、へっ。やっぱり売りたいことは売りたいですからね。儲かりたいですからね、なんて。

でね、なんかちょっと考えちゃうようになりましたね。「こういうことを言われたらうれしいから、こういうことを言ったら相手も喜ぶんだろうな」という、ニーズに合わせちゃうみたいなところがあって。そういう自分がイヤだったときもあったんですが、最近はなんとも思わなくなっちゃいました（笑）。

町田●ほほう。じゃあもう、いくらでも書ける——？

大槻●というか、そのテクニックを身につけていくのがおもしろいのかなあ、という……

（ポケベル音）おっ！

町田●おっ！

大槻●ちょっと待ってください。すいません、町田さん、ポケベルが入りました。

町田●（あらたまって客席を向き）はい、それではですね、えー、今日は無理を言って大槻さんにいらしていただきましたが。

大槻●今日はポケベルが入ったら去る、という「女子高生パターン」で（笑）。

町田●話も佳境ではございますが、えー、ありがとうございました。
大槻●どうもありがとうございました。

＊1　JAGATARA＝「財団法人じゃがたら」→「暗黒大陸じゃがたら」→「JAGATARA」と名を変えたロックバンド。すでに解散。
＊2　鈴木賢司＝今は名プレイヤーの彼だが、当時は「〽ギターキッズドリーム」などと唄っていた。
＊3　ルースターズ＝博多出身のビートバンド。
＊4　ふとがね金太＝「世良公則&ツイスト」のドラマー。
＊5　巻上公一＝80年代ニューウェーブ・ロックの草分け、現在も活動中「ヒカシュー」のボーカリスト。
＊6　ロッカーズ＝陣内孝則さんの在籍していたビートバンド。
＊7　チャクラ＝小川美潮さんがボーカルをつとめていたバンド。

のほほん写真館　リターンズ

写真は残酷だ！

写真は残酷だ。

不可視のものまで切り取ってしまう。想いとか匂いとか、写したころに被写体をとり巻いていた目に見えないものまで、印画紙に焼きつけて、切り取ってしまう。丸や三角や菱型まで四角に切り取ってしまう。

容赦がない。言語道断に、白日の下にさらけ出してしまう。隠しておきたいどんなことでも、平等に暴き立ててしまうのだ。

この1枚の写真には、ボクがまだ17歳の、バンドを始めたばっかりのころの、恥ずかしい恥ずかしい過去が焼きつけられている。

こんなヘンテコなかっこうをしているのは、客を笑わせたかったからではない。いかにしたら人々に嫌われるだろうかと思案した結果、こんな姿になってしまったのだ。

当時のボクは、ロックとは人に嫌われなければならぬものだと思い込んでいた。人間は汚ない。人間は悪だ。そして人間は汚ない悪のくせに「愛」などというきれいごとを使う許されざるこの世のガン細胞だ。ロックとはこの本来悪である人間の愚かさを暴

き立てる唯一の表現手段なのだ。だからなるだけロッカーたる者は醜悪な姿でステージに上がり、人間の汚なさを表現せねばならんのである。……なーんてことを考えていたのだ。今、大人になって、当時の自分をふり返ると、結局ボクの人間に対する怒りとは、ふがいない自分自身への憤りを、人間全体のせいに責任転嫁していただけなのだということがわかる。また、「人間の汚なさを表現」していたつもりの姿が、実はただ単に「滑稽」なだけのカッコ悪いものであったという揺るがしようのない真実も、イヤになるほどよくわかる。写真は残酷だ。

10代の「ああ勘違い」を見事に切り取ってしまったのだ。

10代の勘違いは、果たして丸か三角か。いずれにせよ、カメラは四角く切り取った。

大人になるための「儀式」

もう3年も4年も前のことだ。

博多のビブレホールというライブハウスで、筋肉少女帯は演奏していた。会場は満員。血気さかんな博多っ子たちで、どんたくもさながらの大盛り上がり状態だった。

最前列に、ライブの流れとまったく無関係に、僕に向かって何か叫んでいる女の子がいた。彼女は、ハワイにリゾートに来た人のような、花柄の水着を着ていた。

「大槻さあん！　見てぇ！　あたし水着着てきたのー！　見てえ！　水着なの！　大槻さーん！」

彼女は懸命に、自分の胸のあたりを指さしながら、自分の水着姿を見ろと僕に主張しているのであった。ボキャブラリーの少ない少女の言葉を補足するなら、

「見て、あたし大槻さんにどうしても自分のことを覚えてほしいから、目立つかっこしてきたの。こんなかっこしてたら、大槻さん、あたしのこと忘れないでしょう。あたしを覚えて」

と、彼女は言いたかったのではないかと思う。

しかし、次の年、ツアーで博多のライブハウスへ行ってみると、もう彼女の姿はなかった。

僕が、何の因果か、いわゆる「人気商売」というものを始めて、わかったことがひとつある。「人気」というものは、空にうつろいゆき流れゆく不定型の煙のようなものであり、何人たりともそれを支配下に置くことは不可能なのだ。

「人気」を信ずるなということではなく、「人を支持する」あるいは逆に「人に愛される」ということもまた、大宇宙の絶対法則である諸行無常の範疇にあるということだ。

「私の水着を見て！」と叫んでいた時、彼女は「この想いは永遠に続くのだ」と確信していただろう。が、そんなことはありえないのだ。

小川に花びらが落ち、さらさらと流れて朽ちていくように、「私を覚えてほしい」と願った熱い想いでさえ、1年もたたず、朽ちはてていくものなのだ。

そうして少女は、その想いがスッポリとぬけおちた心の穴に、新しいさらに熱い誰かへの想いをつめこみ、そういうことをくり返しながらやがて大人になっていく。

「あの水着の子は来てないんだなあ、そんなもんなんだなあ」と僕はステージ上でボソリとつぶやいた。しばらくの間の後、客席にいたひとりの少年がのんびりとした口調で、

「大人になったんだよ」

と言った。

少女期の一時、熱病みたいに、アーティストに強烈に憧れ、そして急激に冷めることが

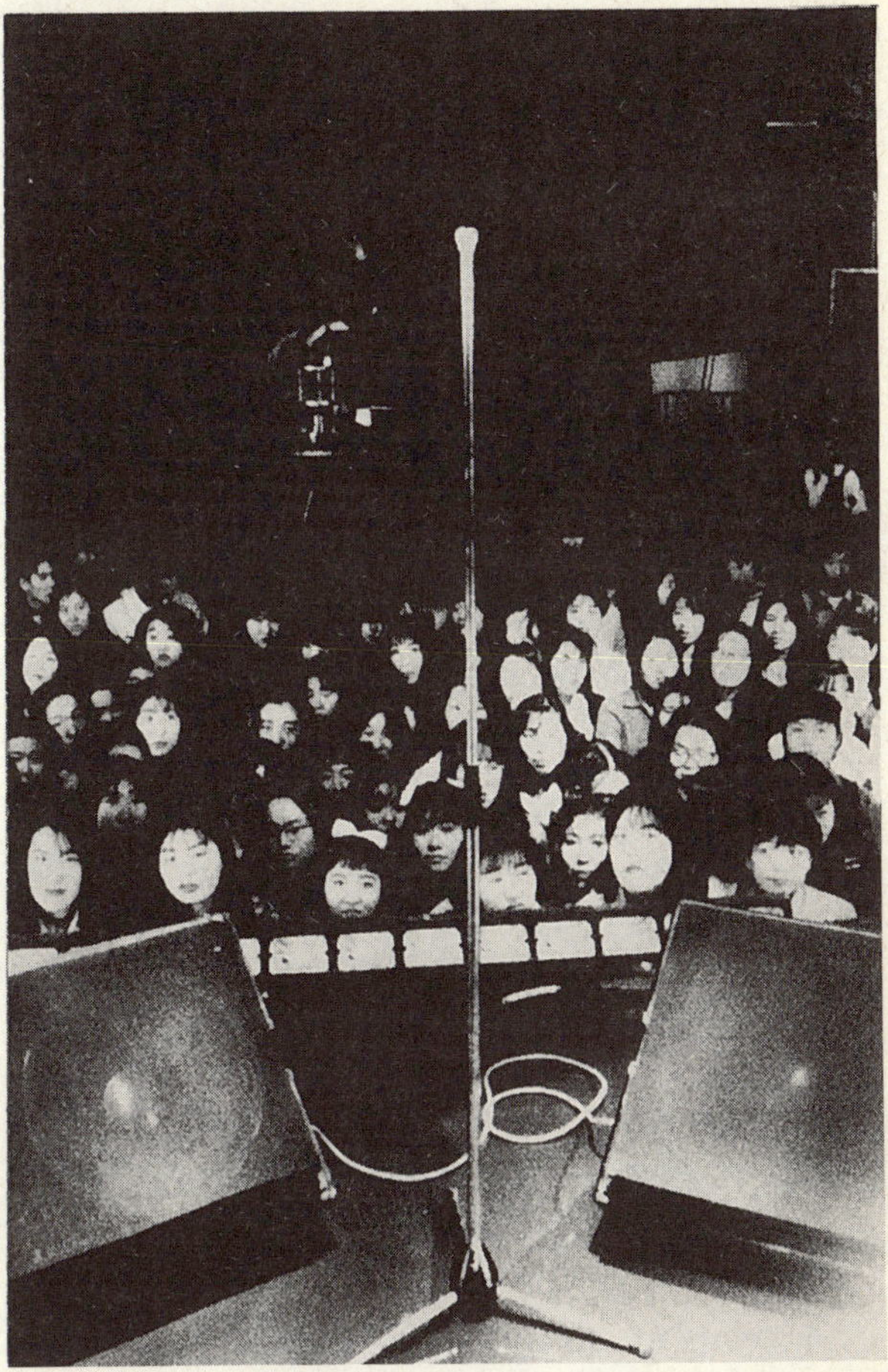

ある。

それは彼女たちにとって、大人になるためのいわば「儀式」のようなものなのかもしれない。

ひとり歩きする秘密

青森の街をぶらついていたら、スゲー看板を発見したので思わず撮った。

秘密……である。

秘密というものは、ほっておくとひとり歩きを始め、どこまでもふくらんでいく不思議な不定形だ。例えば「宇宙人と米国首脳陣の密約」という「秘密」についてのうわさは、今ではダン・エイクロイドが映画の中でギャグにする程のポピュラリティーを持っているが、元をただせば、１９４０年の終りごろ、気象用気球の事故が、誤って「ＵＦＯ落下！宇宙人の死体回収」と報じられたことに端を発している。まちがいだと判明してからも、秘密の面白さに魅かれた人々……一発をねらう怪しげなジャーナリスト、宇宙人飛来説盲信者などが群がり、「秘密」にディテールをこしらえ、やがて「秘密」は架空の現実として機能し始め、世界中の何パーセントかが今では信じて疑わぬぐらいに、巨大に成長してしまった。

ロックやポップスの世界で、カリスマと呼ばれるアーティストが出現するときも、実は「秘密」が巨大化していくときとまったく同じ過程がそこに存在する。

ちっぽけなアーティストの秘密。プロモーション用に取材でつぶやいた彼の少年期に関する感傷的なエピソードなどに、妄信的なファンや、「これは使える」と踏んだ業界の人々がワッと群がり、「秘密」を肥大化させ、アーティスト自身がかかえきれぬぐらいに大きなものにしていく。

そうするとアーティストも、何だか自分はものすごい「秘密」を持ったたいしたやつなんだ、という気になって、やがてここにひとりの自他ともに認める、カリスマの誕生となるわけだ。

小さな秘密が架空の現実に発展していく様子というのは、まがいものの宝石に似ている。けばけばしくて、ニセモノでも毒々しく美しく見える。

どう考えてもそこらの兄ちゃんや姉ちゃんみたいなアーティストを、少女たちが「私のカリスマ」などとあがめたてまつってしまう図式の裏には、無意識のうちに「架空の現実づくり」を楽しみたいと思う心が、少女たちの中にもあるからなのかもしれない。

……ところで僕の秘密だが……実は10年も昔、なんと僕は……あ、枚数が尽きた。

スナック喫茶
秘密
ニッカウイスキ

愛別離苦の哀しみ

始まったばかりのこのエッセイだが、なんと今回が最終回になってしまった。雑誌の休刊じゃあ仕方ない。しかしまた音専誌が減るとは、バンド・ブームは遠くになりにけり……か（しみじみ）。

仏教の言葉に「愛別離苦」というのがある。愛するものとは必ず別れなければならないという意味だ。反語として、「怨憎会苦」という言葉がある。憎むべき人と出会ってしまう運命から人は逃げられない……。

昔の人って、いいこと言うよなぁ（しみじみ）。

愛別離苦が大宇宙の絶対法則であるならば、僕とバンドという集団も、やはりいつか離れ離れにならざるを得ないのだろう。

バンドのメンバーというのは不思議な関係で、友人ではあるがそれ以上であり、かといって肉親ではない。かと思えばあまりにビジネスライクに徹した関係であることも事実だ。

バンドとファンの関係は、もっとややこしい。

結局、両者をつないでいるたったひとつの物質的なものといえば、作品と、その売買に

おいて使われる金だ。両者の間に霧のようにわき立つ幻想、共感、夢、希望、愛情、羨望、そういった人の心にまとわりつく事柄のすべては確かめようのないものであり、だからあるのかないのか本当にはわからない。わかっているのは「作品とお金が両者の間をいきかっている」その事実だけだ。

わかっていることはもうひとつ。バンドもファンも、それぞれいつかは独立した個として離れ離れになるのだという事実だ。愛別離苦の哀しみから逃れるためには、誰に対しても、依存しないことではないかと思う。メンバーに対しても、ファンに対しても、アーティストに対しても、愛情は抱いても、けっして依存しないことだ。これはニヒリズムではない。愛別離苦の痛みから少しでも身を守るための自衛の手段なのだ。

死ぬときは別。

僕は、いつか別れていくであろうすべてのものに対して「死ぬときは別」という気持ちで接することにしている。

さみしい生き方なのかなぁと、ときどきふと思うけれど……（しみじみ）。

あとがき…というかオマケ

昔に書いた文章や、口にした言葉を集めた本です。恥ずかしくてやんなっちゃいます。当時と現在と、考えていることもまったく異なっていて、嫌になってしまいます。できれば全部燃やしてしまいたいものです。あー恥ずかしい、恥ずかしい、でも買ってね。もう読んでくれた人はありがとう。

ところで現在（99年11月）、僕は「特撮」というパンクチームを作り、2000年のデビューに向けてレコーディング中です。「特撮」です。筋肉少女帯からは脱退してしまいました。ハイ。「特撮」よろしくお願いします。ぜひライブに来て下さい。楽しいですよ。

あとがき、苦手なのでこの辺で、ハイ、恥ずかしいもので、ハイ。

解説

姫野カオルコ

大槻ケンヂは歯ぐきの美しい人間である。上前歯もきれいである。左右2番、3番に比して1番は小ぶりで、白く整列した上前歯は、美しい歯ぐきから生えている。美しい歯ぐきは、彼を目にした者を豊かにする。相手は、彼の美しい歯ぐきから夢をひろげる。

「歯医者の書いた解説か？」

本書を読みおわり、このページまで来てこう思うのは早計だ。ちがう。解説筆者は歯科医ではない。歯と歯ぐきのフェチシストでもない。ごくふつうのことを言っている。「日本人は歯に対して無神経。八重歯がかわいいなんて日本人だけが思うことで、欧米の感覚からすれば信じがたいこと」

このようなことを、近年になってよく見聞きするが、これもちがう。日本人も、人と会うときはまず、相手の前歯と歯ぐきを見るのである。それが証拠に、芸能人はデビューにあたり、まっさきに前歯を矯正する。矯正不可能の歯は、抜いて人工の差し歯にする。素行調査や経営状況調査の探偵も、変装が必要な場合には、サングラスやかつらなどではなく、マスクや入れ歯をすると聞く。つまり口もとが、その人間の印象を決定づけるのである。目もとではない。歯と歯ぐきだ。ただ日本では、この事実があまり知られていないため、自分が人と会うとき、歯や歯ぐきといった口もとで相手の印象を把握していることに「気づいていないだけ」である。

よって、いくら大槻ケンヂが左目のまわりにひび割れたメイクをほどこそうが、たとえそれが「かっこいいロッカー」的な雰囲気づくりには役立っていようが、彼の顔は、彼の歯と歯ぐきによって結果しているのである。そして、彼はそこが美しいのである。

『ゲゲゲの鬼太郎』のネズミ男を、だれが「まあ、リッチなかんじの方ね」と思うだろう。クリストファー・リーの前歯がもし、シャイそうに小ぶりに生えていたら、だれが「怖いドラキュラ」だと思うだろう。強い照明下では透明感をなくすセラミックの差し歯には「人工」を感じ、差し歯の嵌まった紫ばんだ歯ぐきに「清純」を感じないのは、ごく一般的な、ヒトの反応ではないか。

歯と歯ぐきの美しい大槻ケンヂを見た者（TVで、ステージで、そして本書に収められた写真で）は、豊かな気分になり、豊かな気分は夢をひろげる。見た者なりの、それぞれの夢を。音楽が流れる。〈脳髄は迷宮である〉。〈しがないアンテナ売りであった！〉。夢はさらにひろがる。相手が女なら、ケンヂに恋をする。相手が男なら、大槻はいい奴だと信じる。これは、当然の、ふつうのことであろう？

また、大槻ケンヂの歯ぐきは日本人離れした「見え方」をする。精読してほしい。「出方」ではない「見え方」である。唇がひらいたときの歯ぐきの見え方の塩梅が美しい。同じ「見え方」の人に、日本の芸能界では西田ひかる、宮沢りえ、川崎カイヤがいる。アメリカの芸能界にはのきなみいる。歯ぐきの美しさが前提条件のハリウッドでは、ほとんどのスターが大槻ケンヂと同じ歯ぐきの「見え方」をする。

しかし、彼は日本人だから、先述のとおり、自分の美しさを自覚してはいまい。神が与えたもうた美しき恵みである歯と歯ぐきのことは放って、せっせと髪に資生堂の整髪剤を使い、目にアイライナーを使い、まぶたにひび割れを描き、ステージ映えのする衣装を選んでいることだろう。

キャーッ、キャーッという観客の叫び。楽屋では小さくなる。ステージにいるときよりも、ずっと。しかし、依然として聞こえる。が、小さい。そんなとき、己の歯と歯ぐきの美しさを知らぬ大槻ケンヂは、ふと、なにを思うのだろう。思ってきたのだろう。

その「ふと」が、本書には綴られている。実体と非実体、どちらも合わせて事実というものは在る。真実と真実からはやや逸れる部分。真理と真理ゆえにそれが影を作る部分。どちらも合わせて事実である。あまたの『サスケ』の影で歴史の栄光が飾られたように。

実体と非実体の、ちょうど境目にある「ふと」は、予期せぬ時に、予期せぬ場所で表に現れる。それをたのしむのが本書である。と、解説者だから解説をしておく。ほんとうは本書をどうたのしもうと自由なのだが。

大槻ケンヂは弟として成長した男だ。上には兄がひとり。「家」の中に並列の「男」がふたりいた。父が会社勤めであったとしても、意識としての、あるいは無意識下での「家督」は兄が継ぐ。長男とは、そういう意味で弟よりも「上」にいる。弟とは「上↓下」の「下」の感覚になじんで成長した、♂である。ならば年長けて望むものは、自分が所有しなかった感覚。

「上」と♀。つまり自分の妹となる女。これはむろん、世間でよくいう、おためごかしな「いやあ、兄妹みたいな間柄ですよ。ナニもありませんよ」という意味ではない。また妹の実年齢にも関係がない。大槻ケンヂより実年齢が上でも、妹になる女はいる。妹の位置にいる女。だが妹はあくまでも♀だ。確率的には、実年齢が彼より下の女のほうが、この関係性を築きやすい。よって大槻ケンヂは少女に恋をする、と思う。恋愛感情（それが実現するかどうかは別として）は、とても若い年齢の娘に向く。

「キャーッ！」「キャーッ！」。娘たちは叫ぶ。彼が望んでやまぬ妹が、その望みかなっていきなり千人以上できてしまった妹が叫ぶのを、ステージでは恍惚と耳にするだろうが、楽屋では「ふと」なにを思うのか。

彼の熱望とはうらはらに、大槻ケンヂが観衆をひきつける要素は、その「弟」の位置になじんできた感覚が作りだす「好感度」なのである。恋愛も、姉の位置にいる女とのほうが、うまくいって長続きするはずである。誤解なきよう断っておくが、筆者はなにも自分が大槻ケンヂより年長だからといって、「年上の女と恋愛すると吉」などと占い師よろしくほざいているわけではない。姉に位置する女と言っているのであって、実年齢のことではない。姉のような若い娘もいる（そうだ、今このページを読んでいる一九六七年以降生まれの女性、あなたは甘えるのがヘタでいつも男性に対しては「お姉さん」になってしまいますね、あなたなら大槻ケンヂにぴったりです）。だいたい筆者は、大槻ケンヂの恋愛予想ではなく、大衆をひきつけねばならぬ立場にあるアーティストの、実体と非実体の「微妙なブレ」について、ずっと話しているのである。

通常、ネガとポジはブレず、ぴったりと重なる。ネガとポジの両者あって一人の人間は在るのである。ところが、両者が「ふと」ずれるとき、そこには隙間ができて、その隙間が「人気」のからくりなのではないかと思うことが、筆者にはある。たとえば、蛭子能収《えびすよしかず》という漫画家がいるが、彼の作品の持ち味は、『コメディNo.1』の前田（アホの坂田ではないほう）の、高利貸し的笑いである。一九六七年以降生まれの諸氏には例えが古くて申しわけないが、高利貸しの笑いを見せる若手が今いないのでしかたないと容赦してくれ。あまりに古いというなら、『ダウンタウン』の松本にわりと近い。とにかくそういう持ち味の漫画を、蛭子能収は描き、本人も作風とほぼ一致する雰囲気の人である（ちらと会ったことがあるだけなので推測）。ところが蛭子能収は「なんだかポーッとしてて、いい人そう」という「人気」を獲得した。「微妙なブレ」の隙間にはこうした、あらかじめ計算できぬパワーがあるのではないか。

本書には『お蔵出し』という題がつけられている。これまで単行本には、①これ、マニアックすぎない？ ②俺、書いてたっけ？ という二つの理由で収録されなかったエッセイや対談や写真や詩を収録したと、前書きにある。マニアックすぎる。本人があまりおぼえていない。これこそ「ブレ」が「ふと」表に現れた瞬間ではないか。大槻ケンヂのその瞬間に、読者はべたべたさわってほしいと、筆者はここに願うしだいである。

さて、以下は余談になる。個人的な嗜好としては、プロレス、格闘技の話が光っていた。筆者自身はこのジャンルに詳しくない。詳しくないのに、おもしろい。語り手である大槻ケンヂ自身がたのしそうだからおもしろかった。実は、筆者は往年のアメリカ人プロレスラー、ブラッシーと遠縁に当たる。戸籍上では親戚でもなんでもないから、遠縁に当たると言うのはよくないか。縁ある身、というべきか。縁の詳細をここに綴って、大槻ケンヂのコメントをもらいたいところだが、ブラッシーの私生活にかかわるため控える。ともかくも、各メディアは大槻ケンヂにはもっと遠慮なくプロレスについて語らせてはどうか。とくに越中詩郎《こしなかしろう》について語ってほしい。

それに『尼僧ヨアンナ』の仇を討ってもらいたい。筆者には十九歳のとき、アンケートで「最近、見た映画でよかったのは?」と訊かれて『尼僧ヨアンナ』だと答えてそそくさと立ち去られた過去がある。新興宗教の信者だと思われたらしい。その数カ月ののちに『尼僧ヨアンナ』が好きだという男子学生にめぐり会い、言い分を聞いたところ、それは大槻ケンヂの語るような本心からの言い分ではなく、「『尼僧ヨアンナ』が好きだ、と発言するのが好き」な言い分だったため、それを指摘したら嫌われた。ここは『尼僧ヨアンナ』についてもっと大槻ケンヂに語ってもらい、彼らに反省を促してほしい。もっとも、スーリンが斧で殺した男について「無駄に殺された男の立場って一体？　という問題も大いに残るが」という大槻ケンヂの思慮深さが、彼らにはもとよりないので、反省しないだろうが。

あと、大槻ケンヂはドリュー・バリモアが好きだそうだが、ということは、ではナンシー・アレン、キャメロン・ディアスも好きなのだろうか。整い度の高い順から、キャメロン・ディアス→ドリュー・バリモア→ナンシー・アレン→マリア・シュナイダーと来るラインで、ぐっと下にリンダ・ブレアもいると思うが、彼がどう感じるのか、どこかでまたエッセイを書いてもらいたいものである。そのさいは山本スーザン久美子と比較して論評してほしい。大槻ケンヂという人間は、遠慮しないでぶっ飛ばしたほうがちょうどいい濃さになると、筆者は応援する。減塩味噌にならなくてよいぞ。（文中敬称略）

（ひめの・かおるこ　作家／

大槻ケンヂを主役に想定した『バカさゆえ…。』は角川文庫に収録）

JASRAC　出9915298-901

本書は1997年４月、イースト・プレスより刊行された単行本に
加筆・訂正し、文庫化したものです。

大槻《おおつき》ケンヂのお蔵《くら》出《だ》し

帰《かえ》ってきたのほほんレア・トラックス

大槻《おおつき》ケンヂ

角川文庫　11305

平成十一年十二月二十五日　初版発行

発行者——角川歴彦

発行所——株式会社角川書店

東京都千代田区富士見二－十三－三

電話　編集部(〇三)三二三八－八四五一

営業部(〇三)三二三八－八五二一

〒一〇二－八一七七

振替〇〇一三〇－九－一九五二〇八

印刷所——廣済堂　製本所——コオトブックライン

装幀者——杉浦康平

お 18-8　ISBN4-04-184708-7　C0195

角川文庫発刊に際して

角川源義

第二次世界大戦の敗北は、軍事力の敗北であった以上に、私たちの若い文化力の敗退であった。私たちの文化が戦争に対して如何に無力であり、単なるあだ花に過ぎなかったかを、私たちは身を以て体験し痛感した。西洋近代文化の摂取にとって、明治以後八十年の歳月は決して短かすぎたとは言えない。にもかかわらず、近代文化の伝統を確立し、自由な批判と柔軟な良識に富む文化層として自らを形成することに私たちは失敗して来た。そしてこれは、各層への文化の普及滲透を任務とする出版人の責任でもあった。

一九四五年以来、私たちは再び振出しに戻り、第一歩から踏み出すことを余儀なくされた。これは大きな不幸ではあるが、反面、これまでの混沌・未熟・歪曲の中にあった我が国の文化に秩序と確たる基礎を齎らすためには絶好の機会でもある。角川書店は、このような祖国の文化的危機にあたり、微力をも顧みず再建の礎石たるべき抱負と決意とをもって出発したが、ここに創立以来の念願を果すべく角川文庫を発刊する。これまで刊行されたあらゆる全集叢書文庫類の長所と短所とを検討し、古今東西の不朽の典籍を、良心的編集のもとに、廉価に、そして書架にふさわしい美本として、多くのひとびとに提供しようとする。しかし私たちは徒らに百科全書的な知識のジレッタントを作ることを目的とせず、あくまで祖国の文化に秩序と再建への道を示し、この文庫を角川書店の栄ある事業として、今後永久に継続発展せしめ、学芸と教養との殿堂として大成せんことを期したい。多くの読書子の愛情ある忠言と支持とによって、この希望と抱負とを完遂せしめられんことを願う。

一九四九年五月三日

角川文庫ベストセラー